本丛书得到何东先生独资赞助

This series of books is financially supported exclusively
by Mr. Eric Hotung.

20世纪中国文物考古发现与研究丛书

夏商考古

陈　旭／著

文物出版社

一　绿松石镶嵌兽面纹牌饰
　　（偃师二里头出土）

二　乳钉纹爵
　　（偃师二里头出土）

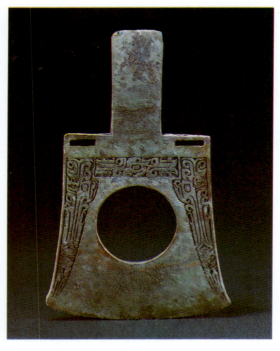

三 兽面纹盘
　（黄陂盘龙城出土）

四 夔纹钺
　（黄陂盘龙城出土）

五　镶嵌蛇纹铜骹玉矛
　　（安阳大司空南 M2 出土）

六　腰佩宽柄器玉人
　　（殷墟妇好墓出土）

七　司母辛觥（殷墟妇好墓出土）

八　突目面具（广汉三星堆祭祀坑出土）

20世纪中国文物考古发现与研究丛书

序 / 张文彬

俗称"锄头考古学"的田野考古学的诞生以及中国考古学学科体系的基本完善，由此而引起的古物鉴玩观赏著录向科学的文物学的转变，是20世纪中国学术与文化界的大事。它从材料与方法两个方面彻底刷新了持续了数千年之久的中国古代史学传统，不但为中国学术界和文化界开拓出更加广阔的研究天地，也为一切关心中华民族悠久历史和灿烂文明的人们不断地提供了可贵的精神滋养和力量源泉。

仰古、述古、探古，进而考古，向来为我国传统文化中一个明显的学术特点。先秦时期诸子百家发其端，汉代司马迁撰写《史记》，北魏郦道元作注《水经》。他们对相关的遗迹遗物，尽可能地做到亲自考察和调查，既能辨史又可补史。这种寻根追源的治学态度，为后世学术上的探古、考古树立了榜样。此后，山河间的访古和书斋式的究古相继开展，特别是对古器物的研究，成了唐、宋时期的文化时尚。不少学者热衷于青铜铭文、碑刻、陶文、印章等古文字的考释，进而有了对器物的辨伪鉴定、时代判断、分类命名等，逐渐兴起了一门新的学问——金石学，涌现出许多著名的古器物鉴赏家和收藏家。只是囿于当时的历史条件，金石学家们无法了解所见文物的出土地点和情况，也难以涉及史前时代漫长的演进历程，因而长期以来始终脱离不了考证文字和证经补史的窠臼。即使如此，他们的艰辛努力和取得的成绩，还是为推动我国传统文化的发展起到了积极作用，并且在事实上也为中国考古学和中国文物学的起步铺设了最早的一段道路。

20世纪初，近代考古学由西方传入。中国学者继承金石学的研究成果，学习并运用西方考古学方法，开始从事田野考古，通过历史物质文化遗存，探寻和认识古代社会，揭示人类社会发展规律。早在1926年，中国学者就自行主持山西南部汾河流域的调查和夏县西阴村史前遗址的发掘。随后，我国学者同美国研究机构合作，有计划地发掘周口店遗址，发现了北京猿人。从1928年起至1937年，连续十五次发掘安阳殷墟遗址，取得了较大收获，引起了国内外学术界的重视。自20世纪50年代以后，随着国家大规模经济建设的进行，田野考古勘探、调查和科学发掘工作在全国范围内蓬勃有序地开展，许多重要的典型遗址和墓地被揭露出来，重大发现举世瞩目。它们脉络清晰，层位分明，文化相连，不仅弥补了某些地域上的空白，而且衔接了年代上的缺环，为研究中国古代史、文化史、科学史以及其他学科领域，提供了珍贵、丰富的实物资料，极大地影响着人文社会科学诸多学科专业的研究与发展。这段时间被学术界称为中国考古学的黄金时代。在马列主义理论指导下，具有中国特色的考古学理论体系和方法论逐渐形成。有关研究成果不仅极大地改变和丰富了人们对中国文明起源、中国古史发展等重大问题的认识，同时也扩展了中国文物的研究领域和研究方式。可以说，考古学的发展与进步，直接影响到文物学的形成与发展，而且影响到全社会对文化遗产重要作用的认识以及世界学术界对中国古代文明的重新认识。

从20世纪80年代开始，文物界就中国文物学的创立，逐渐取得共识，在共同探讨的基础上，初步形成了学科体系。不少学者发表了有关论文，出版了专著，就文物的历史价值、科学价值、艺术价值以及在社会主义的物质文明与精神文明建设中如何对文物进行有效保护、合理利用发表意见。这些研究成果已获得学术界的赞同。

在这世纪之交和千年更替之际，对中国考古学和中国文物事业作一次世纪性的回顾和反思，给予科学的总结，是许多学者正在思考和研究的问题。如果能通过梳理20世纪以来重大发现和研究成果，透视学科自身成长的历程，从而展望未来发展的方向，以激励后来者继续攀登科学高峰，无疑是一件很有意义的事。为此，经过酝酿、商讨和广泛征求意见，我们约请一批学者（其中有相当多的中青年学者）就自己的专长选择一个专题，独立成篇，由文物出版社编辑出版一套《20世纪中国文物考古发现与研究丛书》，并以此作为向新世纪的献礼。

从某种意义上说，《20世纪中国文物考古发现与研究丛书》是一套学科发展史和学术研究史丛书。其内容包括对20世纪考古与文物工作概况的综合阐述；对一些重要的考古学文化和古代区域文化研究情况的叙述；对文物考古的专题研究；对重要的文物考古发现、发掘及研究的个例纪实。

此套丛书的内容面广，而且彼此关联。考虑到各选题在某些内容上难免会有重叠或复述，因此在编撰之初，我们要求各选题之间互有侧重，彼此补充，以期为读者了解 20 世纪中国考古学和文物学的发展提供更多的视角。

我国的文物与考古工作，虽在 20 世纪得到了迅速发展，但仍有许多重大学术问题需要进一步探索。我们主持编辑这套丛书，除了强调材料真实，考释有据，写作态度严谨求实外，也不回避以往在工作或研究上曾经产生的纰漏差错和不足之处，以便为今后的工作和研究提供借鉴。虽然我们尽了很大努力，但限于水平，各篇仍很难整齐划一。由于组稿和作者方面的困难和变化，一些计划之中的题目也未能成书。这些不周之处，敬请专家、学者和广大读者批评指正。

在丛书编印过程中，我们得到了文物、考古界的广泛支持。何东先生在出版经费上给予了热情帮助。在此，一并深表感谢。

2000 年 6 月于北京

目　　录

插 图 目 录

前言

20世纪是中国考古学的诞生和发展时期。在这一世纪中，中国考古学以金石学为基础，并吸收了西方近代考古学的科学方法，开展了田野考古学的研究，作为一门新兴的学科逐步发展起来。新中国成立后，中国的考古事业蓬勃发展，无论是史前考古学，还是历史考古学，都取得了巨大的收获和成就，引起举世瞩目。

夏商考古研究的主要任务，是调查夏商时期的遗迹，发掘夏商时期的物质文化遗存，并对夏商时期的文化进行系统的研究。通过对夏商文化的研究，了解和认知当时的经济、文化发展状况以及当时的社会状况和文明发展史。

关于夏商历史，文献记载很少。因此，夏商考古的研究，对于丰富和充实夏商历史的研究就更为重要。自清末以来，在我国史学界出现了疑古学派，他们把我国的许多先秦文献都视为"伪作"，因此对我国的夏商历史亦加以怀疑。夏商考古学研究的重要使命，就是要通过对夏商文化的研究，确认夏商历史的真实性，消除疑古之风的影响，以重建我国古史。

在20世纪中，夏商考古工作在全国各地普遍展开，调查发现了众多的夏商遗址，还发现不少都城遗址，发掘出极为丰富的夏商文化遗存，而且对夏商文化展开了全面系统的研究，建立了夏商考古学文化的发展系列，取得了巨大的成就。这些成就，不仅使我们从考古学上全面认知了各地的夏商时期文化面貌，而且大大地丰富和充实了夏商历史的研究，对夏商历史获得了更加充分和全面的了解和认识。

20世纪夏商考古是从安阳殷墟的发掘取得突破的。从1928年开始的安阳殷墟的发掘，可以说是夏商考古的开端。当时，安阳殷墟的考古发掘是由我国的考古学家亲自主持的，因此，殷墟的考古发掘就成为中国考古学诞生的标志。从1928年至20世纪30年代，殷墟的发掘取得了巨大收获，不仅发现大面积的宫殿宗庙建筑基址，还发现了王陵和大批祭祀遗存，并获得了大量甲骨文和青铜器、玉器等遗物，从而在考古学上认知了商文化，为夏商考古打下了坚实的基础。

在殷墟考古发掘取得了可喜的收获之后，我国学者即开始探索夏文化和寻找早商文化。当时之所以有探索夏文化的动机，主要是由于20年代初在河南渑池县发现了仰韶文化，20年代末在山东章丘县龙山镇城子崖又发现了龙山文化，尤其是1931年在河南安阳后冈遗址发现了殷墟文化、龙山文化和仰韶文化上下相叠的地层，得知仰韶文化年代早于龙山文化，龙山文化年代又早于殷墟文化。于是有的学者即开始研究夏文化问题，或认为龙山文化是夏文化，或认为仰韶文化是夏文化。但是，由于当时中国考古学研究刚刚起步，发掘资料非常有限，探索夏文化的条件还不具备，自然不可能取得结果。至于寻找早商文化的问题，主要工作是赴豫东和鲁西南地区进行调查，以寻找南亳和北亳遗址，但亦未取得线索。

夏商考古继殷墟发掘之后取得的重要进展，是50年代初在郑州发现了二里冈期商文化和1956年发现了郑州商城。由于二里冈期商文化和郑州商城的年代早于安阳殷墟文化的年代，因此二里冈期商文化和郑州商城的发现，就为研究商代前期文化和都城遗址创造了条件，从而使夏商考古又取得了一次重要进展。

到了50年代末，考古界便开始进行"夏墟"的调查，在河南偃师县发现了二里头遗址。通过60年代初的发掘，在二里头遗址发现大型宫殿建筑基址和一些青铜器等重要遗存，其文化年代介于河南龙山文化与郑州商代二里冈期文化之间，因此，二里头遗址和二里头文化的发现，就成为继郑州商代二里冈期文化和郑州商城发现之后的又一重大发现，亦是夏商考古取得的又一次重要进展。

二里头文化的发现，填补了中原地区从新石器时代至商代二里冈期文化之间的年代缺环。二里头文化发现后，在中原地区发现的考古学文化中，就包括有仰韶文化、龙山文化、二里头文化、二里冈期商代文化和殷墟文化这一序列。在这一序列中仰韶文化和龙山文化属新石器时代文化，二里头文化、商代二里冈期文化和殷墟文化则属青铜时代文化，而且在年代上前后衔接。这一文化序列的发现，为全面系统地开展夏商文化的研究创造了条件。

经过多年的研究和讨论，现在考古界普遍认为，商代二里冈期文化属早商文化，郑州商城属早商都城；二里头文化属夏文化，二里头遗址属夏都。因此夏商考古研究基本上已建立起体系，这一体系就是：二里头文化属夏文化，商代二里冈期文化属早商文化，安阳小屯殷墟是晚商文化。夏商考古由此取得了全面进展。

与此同时，在我国各地亦普遍展开了夏商考古的调查发掘。各地以中原地区发现的殷墟文化、商代二里冈期文化和二里头文化为标尺，对夏商时期的文化进行研究，发现了丰富的夏商时期遗址和文化遗存，取得了巨大的收获。通过对文化面貌特征的研究，了解到各地的夏商时期文化有其自身发展的地方特点，同时亦与中原的夏商文化有密切的联系，并不同程度地受到中原夏商文化的影响。

20世纪的夏商考古之所以取得如此巨大的收获和成就，是与我国考古学家的辛勤努力密不可分的。在这一世纪中，我国考古学家为中国考古事业的发展，在全国各地展开了夏商考古的调查发掘，流下了许多汗水，也付出了许多心血。他们锲而不舍、孜孜以求地钻研夏商文化，因而取得了丰硕的成果，作出了自己应有的贡献。如果中国考古学家没有献身于科学事业的精神和吃苦耐劳的品德，不去锲而不舍、孜孜以求地钻研，夏商考古要想取得这样的成就，恐怕是难于做到的。

本书可以说是对20世纪夏商考古工作的回顾与总结。通过总结以展示这一世纪夏商考古所取得的辉煌成就，并重现夏商文明的发展状况和水平。因此，在编写此书时，我们力求以翔实的资料和科学的研究成果来阐述种种具体问题，以期能够真正体现出夏商考古所取得的辉煌成就和夏商时期所具有的高度文明。但是，由于作者本人的水平有限，功底浅薄，编写过程中不一定能达到自己的初衷，甚至有可能出现错误。如有不妥之处，诚恳地希望同仁不吝指正！

一 二十世纪夏商考古的收获及其意义

20世纪的夏商考古，收获巨大，成绩辉煌，举世瞩目。在这一世纪中，全国各地普遍展开了夏商考古的调查和发掘工作，取得了丰硕的研究成果。收获最大的是中原地区。这一地区发现的夏商时期遗址和都城遗址最多，其中有不少是重大发现，发掘出的文化遗存和取得的研究成果亦最为丰富。其他地区发现的遗址亦不少，亦有城址和其他重大发现，发掘出的文化遗存和取得的研究成果亦相当丰富。这些收获，不仅积累了极为丰富的物质文化资料，大大地充实了夏商历史的研究内容，而且还解决了夏商历史中的一些重大问题，因此具有十分重要的意义。

（一）中原地区夏商考古的重要收获

据文献记载，中原地区，尤其是地处中原腹地的河南地区，是夏、商部族的聚居和活动地域，亦是夏、商王朝都城的所在地。因此，这一地区是夏商考古的重点地区。

中原地区的夏商考古工作开展得比较早。1928年在河南安阳进行的考古发掘，首开商代考古之端。新中国建立后，河南的夏商考古工作开展得更加广泛，在全省范围内都发现有夏商遗址，其中以郑州和豫北、豫西地区最多，分布亦比较集中。最重要的发现是安阳小屯殷墟、郑州二里冈期商文化与郑州商城、偃师二里头遗址与偃师商城。此外，在郑州发现的小双桥商代遗址以及在罗山县发现的晚商墓地，亦是比较重要的发现。

1. 安阳小屯殷墟

安阳小屯殷墟，是商代后期的都邑遗址。据《史记·殷本纪·正义》引古本《竹书纪年》的记载，"自盘庚徙殷至纣之灭，七百七十三年更不徙都"。近代学者多认为"七百"当为"二百"之误。殷墟作为商代王都，从盘庚开始至纣之灭，共经历了273年之久，历八代十二王。商王朝覆灭后，殷都遂成废墟，其地一直不为后人所知。

殷墟的发现，得益于甲骨文的发现。1899年，清代的金石学家王懿荣在从中药铺购得的"龙骨"上发现有契刻文字，经过考订，得知这是商代卜辞。后经刘鹗研究，认定卜辞乃"殷人的刀笔文字"。罗振玉则对甲骨文的出土地点进行探访，访知甲骨文的出土地是在河南安阳小屯，即对安阳小屯进行研究，考证其地乃是"武乙之墟"。经过进一步的考证后，罗氏又明确指出："洹水故墟，旧称亶甲。今证之卜辞，则是徙于武乙去于帝乙。"[1]其后，王国维在卜辞的研究中，发现"卜辞所记帝王讫于武乙、文丁"，因此认为"盘庚以后，帝乙以前，皆宅殷墟"[2]。经过这些学者的考订，基本上确定了安阳小屯一带应是殷墟所在地。

1928年，中央研究院历史语言研究所考古组即组织和主持了殷墟的考古发掘。从1928年至1937年的10年间，共进行了15次大规模的发掘。当时的发掘地点，主要在小屯、后冈、侯家庄西北冈和武官村等地。在小屯发现几十处宫殿宗庙建筑基址，确定了小屯是殷王的宫殿区。在后冈发现1座有两条墓道的大墓，由此获得了寻找王陵的启示。在侯家庄西北冈，则发现8座有四条墓道的大墓和2座有两条墓道的大墓，由此确定了侯家庄西北冈一带是殷王陵区。此外，还发现千余座祭祀坑、殉葬坑及数百座小墓和不少的房基，出土大批甲骨文、青铜器、玉器、石器、陶器、骨器等。

新中国建立后，殷墟的考古发掘受到重视。从50年代开始至今，殷墟的考古发掘基本持续进行，进入全面发掘的阶段。这一阶段的发掘地点有几十处，主要在小屯村附近和武官村、侯家庄、四盘磨、五道沟、大司空村、后冈、高楼庄、薛家庄、北辛庄、范家庄、孝民屯、苗圃北地和三家庄等地。在这些地点的发掘中，又新发现一批大中型夯土建筑基址和小型房基，还发现铸铜、制骨作坊遗址和制玉石场所，并发现大中型墓和一批小墓以及祭祀坑、排葬坑、车马坑等，其中的大墓有两条墓道或一条墓道。获得一批甲骨文、青铜器、玉器、象牙雕刻器、木漆器和大批石器、陶器、骨器等遗物[3]。

殷墟发掘是夏商考古的壮举。它发掘年代之长，发掘面积之大，发现文化遗存之丰富，是夏商考古发掘中无与伦比的。从1928年至今，殷墟的考古发掘已经历了半个多世纪，发掘规模之大已难以估量。发现的遗迹有大面积宫殿建筑基址、王陵、大中型贵族墓葬和大批祭祀坑、排葬坑、小墓以及20多座车马坑，还发现手工业作坊遗址。获得的遗物有数以万计的甲骨文、大批青铜器和几千件玉器，以及大批陶器、石器、骨器等。这一巨大收获令举世惊叹。

2.郑州二里冈期商文化和郑州商城

郑州二里冈期商文化是1952年对二里冈遗址的发掘后发现的。当时在该遗址的发掘中，发现其文化遗存的面貌特征与安阳殷墟文化既相似，又有区别，即把二里冈遗址内含的商文化命名为二里冈期商代文化。1954年，在人民公园遗址的发掘中，发现该遗址的文化堆积分上、中、下三层，上层堆积内含文化遗存的面貌特征与殷墟文化接近，中、下层堆积内含的文化遗存则与二里冈期商文化特征相同，据此确定二里冈期商文化的年代早于安阳殷墟文化。

郑州商城的发现始于1955年。是年秋，在白家庄遗址的发掘中，发现二里冈商代文化层下叠压着一层夯土层。为了弄清夯土层的性质，从1956年开始，即沿着夯土层的走向进行钻探。经过钻探，发现夯土层东、西、南、北四面相连，连接成一纵长方形的城圈，始知夯土建筑是城垣，从而使这座沉睡了三千多年的商代城址重现于世。

郑州商城的发掘经历了四十多年，取得了重要收获。最重要的是，在城址东北隅发现大面积宫殿建筑基址，在城址内外则发现铸铜、制骨、制陶作坊遗址和铜器窖藏坑、祭祀遗迹以及一批墓葬，墓葬中有20多座是铜器墓。出土的遗物有一批青铜器、玉器，还有金器、象牙器、原始瓷器以及大量的石器、陶器、骨器等。

郑州二里冈期商文化和郑州商城的发现，是中原地区夏商考古继殷墟的发掘之后取得的又一重大收获。首次找到了年代早于殷墟文化的商代前期文化和一座都城遗址，因此使商代考古取得新进展。

3．偃师二里头遗址和二里头文化

偃师二里头遗址是50年代末发现的。当时，中国科学院考古研究所为探索夏文化，组织了以徐旭生为首的调查组，赴豫西地区进行"夏墟"的调查。通过广泛的调查，在偃师县发现了二里头遗址。经初步勘察，得知该遗址的面积大，暴露出的文化遗存比较丰富，即意识到它是重要遗址，并判断它在当时"实为一大都会"，而且认为它很有可能是"汤都西亳"[4]。

二里头遗址发现后，从60年代初就开始进行发掘。三十多年来，经过20多次较大规模的发掘，发现大型宫殿建筑基址和一批墓葬、房基、陶窑，还发现铸铜遗迹。墓葬中有少数规模较大并随葬有青铜器，而多数为小型墓。出土的遗物则有一定数量的青铜器、玉器和大批陶器、石器、骨器等[5]。

二里头遗址文化遗存的面貌特征与河南龙山文化和郑州二里冈商文化有别，故被命名为"二里头文化"，其年代晚于河南龙山文化而早于二里冈期商文化。由于二里头遗址有比较丰富的内涵，且发现大型宫殿建筑基址和青铜器、玉器等重要遗存，因此二里头遗址应是一处都邑遗址。

二里头遗址和二里头文化的发现，是继郑州二里冈期商文化和郑州商城发现之后的又一重大发现，它使中原地区夏商考古又一次取得重大进展。

4. 偃师商城

偃师商城是80年代初发现的。1983年，中国社会科学院考古研究所为配合基建工程而进行钻探，发现了夯土建筑遗存。经过大规模的钻探，探出城垣，而且在城址内还发现几处面积较大的夯土建筑基址和纵横交错的大道，从而得知它是一座城址。

偃师商城发现后，即开始进行发掘。多年来，已对城墙和城门作过发掘，亦对城址内的夯土建筑基址作过发掘。通过对城墙和城门的发掘，断定这座城址的建筑时代属商代二里冈期，而且在城墙外还发现有大壕沟。通过对城址内夯土建筑基址的发掘，发现有的是布局有序的宫殿建筑，有的是排房建筑，前者确定属宫殿建筑基址，后者则判断为府库。在城址内还发现池苑、铸铜遗迹、墓葬等。获得的遗物有一批陶器、石器和骨器，还有一些青铜器。

5. 郑州小双桥商代遗址

小双桥商代遗址是 90 年代初发现的。该遗址经过发掘，亦发现宫殿建筑基址和不少的祭祀遗存，出土的遗物有青铜器、玉器、象牙器、乐器、瓷器以及相当多的陶器、石器和骨器，还发现朱书陶文。说明它是商代的重要遗址，其文化年代属商代白家庄期。这是商代白家庄期文化内涵最为丰富的一处遗址。

小双桥遗址是郑州地区继郑州商城发现之后最重要的一处商代遗址，它的发现，是郑州地区商代考古所取得的又一新进展。

6. 罗山蟒张天湖晚商墓地

1979 年，在信阳地区罗山县蟒张乡天湖村发现一处晚商墓地，共清理出晚商墓 22 座，还有周墓 20 座。在 22 座晚商墓中，有中型墓 11 座，小型墓 11 座。中型墓都有椁、棺，有的有人殉，随葬品丰富，有青铜器、玉器、陶器和木漆器。小型墓主要随葬陶器，个别墓有铜兵器或一件礼器。共获得青铜器 219 件、玉器 75 件、木漆器 10 件。铜器中礼器有鼎、甗、尊、卣、罍、斝、觯、觚、爵等，兵器有钺、戈、镞，工具有锛、斧、凿、铲、臿、刀、锥等。随葬铜礼器最多的是 1 号墓，共 17 件。

根据铜器和陶器推定，这批墓的年代相当于殷墟文化第二期至第四期。

这批铜礼器的花纹和形制与殷墟铜器基本相同，工具则有别。不少铜器有铭文，其中有"息""天""尹""贮""舟"等铭，以"息"铭最多[6]。据此，该墓地很可能是晚商息国贵族墓地。

天湖墓地，是河南地区在殷墟之外所发现的一处最重要的商代贵族墓地，可以说它是河南商代考古的又一重要发现。

此外，在河南各地还有不少地点发现商代铜器，其中有二里冈期铜器，亦有晚商铜器。

二里冈期铜器出土地点有新郑、密县、登封、荥阳、中牟、新乡、武陟、辉县、获嘉、柘城、许昌、项城、洛阳、临汝、郾城、舞阳、灵宝、陕县、南阳、内乡等市县。各地点的出土数量都不多，多为二三件，主要有鬲、尊、觚、爵、斝之类礼器，可能属墓内的随葬品。

晚期铜器的出土地点，比较重要的是温县小南庄和辉县褚丘。温县小南庄发现铜器23件，有方鼎、甗、簋、斝、爵、编铙、戈、削、镞，可能出自同一座墓。有的铜器有铭文"徙"字[7]。辉县褚丘发现铜器7件，有鼎、尊、卣、簋、爵等，都有铭文，其中一件铜爵盖内有铭文"耶斐妇嫀"四字，鋬内有铭文"妇嫀"两字。

上述中原地区20世纪夏商考古的重大发现与收获，最重要的是发现了几座都城遗址，其次是使中原地区的考古学文化建立起从仰韶文化、龙山文化到二里头文化、二里冈期商文化、殷墟文化这一序列，为全面系统开展夏商文化研究创造了条件，同时也为全国各地开展夏商考古工作创造了条件。

（二）诸边地区夏商考古的收获

诸边地区，包括与中原相邻的地区和边远地区。在诸边地区中，与中原相邻的地区亦是夏商先民的活动地带，有的甚至是夏、商王朝的京畿之地。边远地区则是与夏商先民不同的族属的聚居和活动地域，属夏、商王朝方国之地。

诸边地区的夏商考古，主要是从新中国建立后开展的。在这些地区也发现夏商时期遗址和文化遗存，有的还发现有城址，发掘出的文化遗存亦相当丰富。但是，这些地区发现的夏商时期文化都与中原的夏商文化面貌有所不同，其中和中原相邻地区的文化面貌与中原夏商文化差异较小，基本上仍属中原夏商文化系统，边远地区的文化面貌则与中原夏商文化差别大，不属中原夏商文化系统，因此有不同的文化命名。

1. 中原北部和北方地区

中原北部和北方地区，包括河北、北京、天津、内蒙古和辽宁等地。这一地区普遍发现夏商时期的遗址和文化遗存，亦有城址的发现。获得的遗物主要有陶器、石器、骨器，亦有部分青铜器和玉器，还发现金器和漆器。

这一地区发现的夏商时期文化，面貌有别，大体分两个地区。冀南地区的夏商时期文化，与中原夏商文化面貌接近，基本上属夏商文化系统，它包括先商文化、二里冈期文化和晚商文化三个时期的遗存。冀北和北方地区的夏商时期文化，则与中原夏商文化差别大，被命名为夏家店下层文化。

冀南地区的先商文化主要属漳河型文化，其年代与二里头文化早期相当。先商文化遗址在冀南地区发现不少，代表遗址有邯郸涧沟龟台寺和磁县界段营、下潘汪、下七垣以及邢台葛庄遗址等。在先商遗址内发现有房基、灰坑，出土遗物有陶器、石器和骨器等，内涵还不丰富。

二里冈期商代遗址亦发现了不少，多属二里冈上层期且延续至晚商。最重要的遗址是在藁城发现的台西商代遗址，该遗址内涵比较丰富，有建筑基址、水井和墓葬，其中墓葬发现百余座。出土的遗物有铜器、玉器、漆器和大量的陶器、石器、骨器[8]。藁城台西遗址位于商王朝之北境，出土的青铜器中有不少兵器，且有铜器墓发现，一般认为它是商代的军事重镇。

此外，在冀南地区还有不少地点出土有晚商铜器，主要有磁县、武安、邢台、临城、赵县、平山、灵寿、正定、新乐、定州、迁安、丰宁、兴隆等市县。铜器多零散出土，绝大部分是礼器，亦有一些兵器，多有铭文[9]。这些铜器可能出自墓葬。磁县下七垣发现的一座墓中出铜器较多，共11件，包括鼎、簋、卣、尊、觚、爵6种，有的有"受""启"铭[10]。

冀北和北方地区的夏商时期文化，最初发现于内蒙古赤峰夏家店遗址下层，故被命名为夏家店下层文化。其后，在辽宁、天津、北京和冀北都相继发现这类文化遗存。

夏家店下层文化的分布，大致北起内蒙古西拉木伦河，南抵拒马河，在辽宁以西包括京津在内的燕山南北都有这类文化发现，甚至在吉林西南部地区亦有发现。代表遗址：燕山以北地区有辽宁北票丰下和内蒙古赤峰药王庙、蜘蛛山、敖汉旗大甸子遗址；燕南有河北大厂大坨头和唐山大城山、小官庄以及北京昌平雪山、天津蓟县张家园等遗址。

在夏家店下层文化遗址中都发现有房基和墓葬，出土的遗物主要是陶器、石器和骨器，亦有一些铜器和金器。最重要的是在辽宁北票康佳屯发现的一座城址和北京平谷县刘家河发现的一座较大的墓。康佳屯城址有石垒的城墙，城址内发现房基和墓葬[11]。刘家河发现的一座墓随葬品丰富，其中有一批铜器和玉器、金器[12]。此墓的时代约相当于二里冈上层期，下限不会晚于殷墟一期。

在辽宁和内蒙古还发现一些晚商铜器，数量虽不多，但有的有铭文，比较重要。辽宁出土铜器的地点有朝阳和喀左，其中喀左县出铜器多一些。在喀左北洞村发现两个铜器窖藏坑，出 10 多件铜器，有鼎、罍、瓿、簋等，这是辽宁出土铜器最多的一处[13]。内蒙古出土商代铜器的地点主要有翁牛特旗、敖汉旗、伊克昭盟等地，铜器数量都不多。克什克腾旗是出土商代铜器最北端的地点，出土了一件特大的铜瓿[14]，亦很重要。

2. 西部地区

西部地区包括山西、陕西、甘肃和青海地区。这一地区的夏商考古收获亦不小，普遍发现夏商时期遗址和文化遗存，出土遗物除大量陶器、石器、骨器外，还有相当数量的铜器和一些玉器。其中收获最大的是山西和陕西两地。

山西发现的夏商时期遗址，以南部地区较多，北部地区较少。在南部地区还发现两座商代二里冈期城址，而且这里发现的夏商时期文化主要属二里头文化和二里冈期商文化，基本上属夏商文化系统。北部地区的夏商时期文化与中原夏商文化差别大，被命名为光社文化。在晋西北地区，则有较多的晚商铜器发现。

晋南地区的二里头文化遗址以夏县东下冯遗址为代表。该遗址内含的文化遗存主要属二里头文化，亦有二里冈期商代文化遗存。在二里头文化层中发现不少房基和墓葬，还发现水井、陶窑，出土遗物有陶器、石器和骨器。在二里冈期商代文化层中发现有城址，在城址内亦有房基、墓葬发现，出土的遗物主要是陶器、石器，亦有一些小件铜器。该遗址共分6期，其中1~4期属二里头文化，5~6期属二里冈期商代文化[15]。

二里冈期商代遗址则以垣曲商城为代表。该遗址是一座商代二里冈期城址，内含商代二里冈期文化和二里头文化，以二里冈期文化最丰富。城址内发现房基、墓葬和祭祀坑，出土遗物除陶器、玉器和骨器外，还有一些铜器[16]。

东下冯商城和垣曲商城的面积都不大，都有城墙。东下冯商城的面积尚不清楚，已知南城墙总长有440米，东城墙只探出南段52米，西城墙探出南段140米。城墙两侧底部有护城坡，城外有壕沟。推断其建筑兴建于二里冈下层期。垣曲商城平面呈梯形，北城墙长334米，西墙长395米，东墙长336米，南墙长约400米，城垣总面积约13.3万平方米。遗址的面积为25万平方米。在城垣上发现有缺口，有的缺口可能是城门。

这两座商代城址是山西夏商考古的重大发现。有人认为，晋南地区是商族的起源地，垣曲商城应为"汤始居亳"的最早亳都[17]。也有人认为垣曲商城的性质有两种可能：其一可能是商王朝在晋南黄河以北建立的军事重镇，其二可能是商王朝的方国之都[18]。

从考古发现看来，这两座商代城址都不太可能是方国都城。因为，城址内的文化遗存属商代二里冈期文化，基本上属商文化系统，而且城址内的文化内涵亦不具备都邑遗址的条件。这两座城址都包含二里头文化和二里冈期商文化遗存，二里头文化又被商代二里冈期文化所取代。这两座城址很有可能是商王朝所建立的军事重镇。

在晋南地区的平陆县坡底乡前庄村曾发现几件早商青铜

器，有方鼎和罍各 1 件，圆鼎和爵各 2 件。方鼎较大，通高 82 厘米。在铜器出土的地点清理出房基、灰坑，并出土陶器，都是二里冈上层期的遗物。从铜器和陶器特征上看，更接近于二里冈期第三段第Ⅵ组[19]。这是晋南地区发现早商铜器最多的地点，而这里出土的方鼎，是郑州出土的窖藏大方鼎之外的又一大方鼎，值得注意。

晋北地区的夏商时期文化最初发现于太原北郊光社遗址，其文化内涵与晋南的二里头文化和二里冈期文化不同，故有光社文化的命名[20]。这类文化遗址发现不多，发掘工作做得也少，发现的文化遗存还不丰富。

在晋西北沿黄河东岸的永和、石楼、灵石、柳林、隰县、吉县、保德等地，则有较多的晚商铜器出土，多出于墓葬，其中以灵石和石楼发现的铜器较多。

在灵石旌介发现的两座商墓都是合葬墓，有棺椁。其中 1 号墓三人合葬，2 号墓两人合葬，有人殉。1 号墓随葬铜礼器 23 件，还有兵器、铜饰件及玉器。2 号墓随葬礼器 18 件，亦有兵器和玉器。有的铜器有铭文和族徽[21]。这是山西发现的晚商铜器墓中比较重要的，其特点是随葬的铜礼器中以爵的数量最多，两墓出的爵都是 10 件，其次是觚，为 4 件。

陕西境内也发现商代遗址和文化遗存，相当于夏代的遗址和文化遗存尚不明确。已发现的商代遗址主要在关中地区，最重要的代表性遗址是西安老牛坡遗址和清涧李家崖村发现的一座晚商城址。

西安老牛坡商代遗址的内涵比较丰富。在该遗址内发现建筑遗迹和墓地，墓地内已清理出几十座墓，有中型墓和小型墓。中型墓已遭盗掘，小墓有随葬品，有的出土数量不多的铜礼器和兵器。还发现2座车马坑。其文化年代包括二里冈期和晚商[22]。

晚商城址发现于清涧县高杰乡李家崖村，这座城址发现于1983年。城址呈不规则长方形，有土石结构的城墙，是用小石块和土分层夯筑。面积不大，东西长495米，南北宽122～213米。城址内发现房基和墓葬，时代属晚商至周初[23]。

此外，在陕西境内还有不少地点发现商代铜器，其中有二里冈期铜器和晚商铜器。二里冈期铜器的出土地点较少，晚商铜器出土地点较多。

在岐山县京当乡，1972年发现商代二里冈期铜器5件，有鬲、瓿、斝、爵、戈[24]。可能是墓葬的随葬品。

晚商铜器的出土地点，主要在陕北沿黄河西岸一线和陕南的汉中城固县。陕北沿黄河西岸一线的清涧、绥德、子长、延长、延川、宜川等县，有40多个地点，都有零散的晚商铜器出土，以绥德出土较多。获得的铜器主要是礼器，包括鼎、罍、簋、瓿、爵、瓶、尊、壶、盘等，亦有兵器戈、钺和工具，有可能是墓葬的随葬品。在城固发现的晚商铜器地点和数量都不少，多属窖藏，其中1976年在苏村的一个窖坑内发现埋藏铜器413件，有礼器、兵器、工具、面具和铺首等类器物，以兵器较多[25]。

甘、青地区的夏商时期遗址和文化遗存，最早发现于甘肃临洮辛店和寺洼两个遗址。这两个遗址的文化面貌有所不同，故被分别命名为辛店文化和寺洼文化，分布范围亦稍有别。

辛店文化主要分布于甘肃兰州西至青海贵德的黄河沿岸及黄河支流洮河、大夏河、庄浪河和湟水流域。发现的遗址不少，遗址内有房基、墓葬发现，出土的遗物主要是陶、石、骨器，亦有一些小件铜器，包括锥、刀、凿、削、匕、矛之类的工具和兵器等。有的遗址还发现炼炉残块和铜渣。个别遗址出土有铜容器残片和铜铃、铜泡等。

寺洼文化主要分布于陇山东西一带。发现的遗址也不少，遗址内亦有房基、墓葬发现，出土的遗物中亦有一些铜器，主要是在墓葬中发现的铜戈之类兵器。

这两类文化都出土有青铜器，说明它们已进入青铜时代。据推断，其年代大体相当于殷商，年代晚的相当于周初。

3．东部沿海地区

东部沿海地区包括山东、安徽、江苏和浙江等地。这些地区都发现有夏商时期的遗址和文化遗存，其中以山东地区发现的夏商遗址较多，文化遗存亦相当丰富。

在山东地区发现的相当于夏代的文化，是以山东平度县东岳石遗址发现的遗存命名的，称岳石文化。这类文化遗址主要分布在鲁西南地区。具有代表性的遗址有平度东岳石、牟平照格庄、益都郝家庄、章丘王维官庄、泗水尹家城、菏泽安邱堌堆遗址等。在岳石文化遗址中，灰坑和灰沟遗迹发现较多，个别遗址发现一些房基。出土的遗物主要是陶、石、骨器，亦有一些小件铜器，包括刀、锥、镞、环和铜片等。

岳石文化的时代大致相当于夏商之际。在不少遗址中都发现岳石文化堆积下面压着山东龙山文化层，上面被商代二里冈上层期文化层所叠压。

商代遗址几乎在山东全省都有发现。大部分遗址发现的商代文化从二里冈上层期延续至晚商，有的则属晚商遗址。从商代二里冈上层期延续至晚商的遗址，以菏泽安邱堌堆、泗水尹家城和济南大辛庄等遗址为代表。晚商遗址则以平阴朱家桥遗址为代表。

商代遗址中一般都有房基、墓葬发现，但都不多。平阴朱家桥遗址发现20多座房基，是一处较重要的遗址[26]。各遗址出土的遗物主要是陶、石、骨器，个别有一些小件铜器。

山东夏商考古最重要的收获，是在益都苏埠屯发现的商代大墓和在滕州前掌大发现的贵族墓地。在苏埠屯共发现商墓4座，为2座大墓和2座中型墓。大墓有四条墓道，有众多的人殉，可惜已被盗，残存有一些随葬品。其中一号墓有四条墓道，墓内有殉人48人，获得的遗物有铜器、玉器、陶器、石器、骨器，其中铜器有2件大钺。此墓墓主被认为是方伯一类人物[27]。滕州前掌大的贵族墓地共清理墓葬30多座和车马坑2座。其中4座中型墓都有一条墓道。这批贵族墓出土遗物千余件，有铜器、玉器、原始瓷器、木漆器和陶器、骨器，其中铜器就有200多件，内有礼器59件[28]。这是山东境内获得铜器最多的一批。

此外，在山东境内，也还有不少地点发现商代铜器。计有海阳尚都村、滨县兰家村、长清复河、济南大辛庄、苍山东高尧、邹县城关和滕州井亭、种寨等地点[29]。各地点出土的铜器都不多。

安徽地区亦有商代遗址和文化遗存发现，相当于夏代的遗址和文化遗存尚不明确。商代遗址在宿县、肥西和含山等地都有发现，代表遗址有含山县的孙家岗遗址[30]。此外，在六安、嘉山、阜南、肥西、颍上、蚌埠、霍山、合肥、长丰、舒城、寿县等市县都有商代青铜器出土，包括早商和晚商遗存。

江苏境内亦发现不少商代遗址和文化遗存，相当于夏代的遗址和文化遗存还不明确。在苏北地区发现的商代遗址，以徐州高皇庙遗址和铜山丘湾遗址为代表。在苏南地区发现的商代文化，则是湖熟文化。

湖熟文化最初发现于江宁县湖熟镇。其分布范围包括江苏和安徽两地，南部和西部进入安徽，北抵江淮之间，东以茅山为界。发现的遗址不少，代表遗址有南京北阴阳营、大岗寺和句容城头山、江宁点将台遗址等。在湖熟文化遗址中发现了一些小件青铜器，表明它已进入青铜时代。据推定，其时代相当于商初至周初。

在江苏境内有些地点亦出土有商代铜器，在句容就出土有商代铜戈。

浙江地区亦有商代遗址和文化遗存发现。这一地区的商代文化，是以印纹陶为代表。印纹陶的出现，大体早于商代，延续至春秋，商代是发展时期。

在浙江境内亦有一些商代铜器发现。发现地点有余杭、吴兴、海盐和安吉等市县。主要是礼器，有鼎、瓿、罍、爵、钟几种。

4．南方地区

南方地区包括湖北、湖南、江西和四川等地。这一地区的夏商考古收获亦不小，不仅发现了不少夏商遗址，而且还发现城址、大墓和祭祀坑等重要遗迹。获得的文化遗物相当丰富，有大量的青铜器、玉器，还有金器。

在湖北境内发现的夏商时期遗址和文化遗存，有与二里头文化时代相当的遗存和二里冈期及晚商文化的遗存。代表遗址有黄陂盘龙城和江陵荆南寺遗址。黄陂盘龙城主要属商代二里冈期，近年在遗址的下层亦发现有与二里头文化时代相当的文化遗存[31]。江陵荆南寺遗址则包含有二里头文化至晚商文化的遗存。

黄陂盘龙城是湖北夏商考古的重大发现。在该遗址内发现一座二里冈期商代城址，四周有夯土城墙，东西长290米，南北宽260米。城墙的结构与郑州商城相似。其建筑年代据推定属二里冈上层期。

在城址内发现大面积夯土台基。台基上揭露出宫殿建筑基址三座，已清理出的一座F1，东西长39.8米，南北宽12.3米。中间四室，每面都有土墙，墙内有柱穴。四室之外有回廊，回廊外沿围绕有43个大檐柱。据推测，它可能是一寝殿。正殿可能是F2。

在城西的楼子湾和城东的李家嘴一带则发现有墓葬。两地共清理铜器墓10多座，墓有大小，大墓有棺椁，小墓只有棺。大墓随葬品丰富，有不少铜器、玉器和其他器物，有的还有人殉。小墓随葬品少，其中铜器亦不多。

最大的墓是李家嘴发现的M2。椁板雕花，随葬品有铜器、玉器、木器和陶器。其中铜器达63件，包括礼器、兵器、工具三类，礼器有23件，工具和兵器有40件。该墓有殉人三具[32]。

盘龙城的发现，是湖北夏商考古最重要的收获。这座城址，亦是南方地区目前所发现的惟一的一座早商城址。

在湖北境内，还有不少地点有零散商代铜器出土，包括商代二里冈期和晚商遗存。在大悟雷山和随州淅河有二里冈期铜器出土，有礼器和兵器。在汉阳、黄陂、应城、安陆、随州、枣阳、鄂城等地，则出土晚商铜器，有的还有铭文[33]。

湖南境内亦发现不少商代遗址和文化遗存，相当于夏代的遗址和文化遗存尚不明确。商代遗址在石门、宁乡、长沙、湘乡、衡阳、浏阳、零陵、南岳等地都有发现，以石门皂市遗址比较典型。

在湖南各地亦有晚商铜器发现。历年来共发现 400 件左右，以礼器和乐器居多，约 100 多件。出土地点有宁乡、醴陵、常宁、华容、岳阳、石门、桃源、湘乡、衡阳等 20 多个市县。以宁乡出土较多[34]。

江西发现的商代遗址和文化遗存不少，相当于夏代的文化遗存尚不明确。在鄱阳湖及赣江中下游地区的清江、新干、南昌、新建、靖安、永丰、乐平、奉新、萍乡、临川、全南、定南、龙南等市县，都有商代遗址和文化遗存发现，代表遗址有清江吴城遗址。

吴城遗址经过较大规模的发掘，发现房基、墓葬、陶窑等。出土遗物有铜、石、陶、骨器和原始瓷器，还发现铸铜的石范。其时代为商代二里冈期至周初[35]。

江西夏商考古最重要的收获，是 1984 年在新干县大洋洲发现的一座商代大墓（有人认为是祭祀坑）。此墓出土大批青铜器、玉器、陶瓷器、石器和骨器等。其中铜器达 480 多件，有礼器 54 件，兵器 269 件，工具 132 件。玉器有 150 多件，还有上千件小玉片、玉珠[36]。这是在南方地区发现的一座最大的商墓，时代属晚商。

在江西境内，还有不少地点出土有零散的商代铜器。发现地点有清江、南昌、丰城、武宁、修水、吉安、吉水、瑞金、南康、鄱阳、宜黄、进贤、上高、高安、奉新等市县，出土铜器约 40 多件[37]。

四川境内的夏商时期遗址发现不多，代表遗址是广汉三星堆遗址。在该遗址内，发现有相当于二里头文化晚期的文化遗存和商代文化遗存。类似的遗址在川西平原、大渡河流域和嘉陵江流域亦有发现。

四川夏商考古最重大的收获是在广汉三星堆发现两个大祭祀坑，出土大量精美的青铜器、玉器、金器、象牙器及陶器等。其中 1 号坑出土各类器物 400 多件[38]，2 号坑出土各类遗物 1000 多件[39]。青铜器属商代。

此外，在彭县竹瓦街发现的一个窖坑内亦出土铜器 21 件，包括罍、觯、尊、戈、矛、戟、钺之类的礼器和兵器。有 2 件铜觯底部有铭文，一为"覃父癸"，一为"牧正父己"[40]。

（三）20 世纪夏商考古的意义

夏商考古的主要任务和目的，是从考古学的角度研究夏、商时代的历史。通过调查夏、商时期的遗址，发掘夏、商时期的物质文化遗存，并通过物质文化的研究，来阐明夏、商时代经济、文化的发展状况和发展水平，以及当时的政治制度、社会组织结构、阶级关系和社会生活状况等一系列的历史问题。

夏商时代的历史文献资料不多。因此，仅靠文献资料来研究夏、商时代的历史，并不能了解当时的历史全貌。要比较全面地了解夏、商时代的历史，就必须依靠考古学的研究成果。夏、商时代的历史曾被清末出现的疑古学派所怀疑，他们把许多先秦文献都考证为后人的"伪作"，从而使夏、商时代的历史被怀疑和否定。这种疑古之风，在国内外学术界都曾经产生过一定的不良影响。自 19 世纪末发现甲骨文以后，证实了司马迁在《史记·殷本纪》中所记载的商代历史是真实的。然而夏代历史，在国外学术界至今仍然有一些人怀疑它的存在。因此，夏商考古的任务之一就是要在考古学的研究中探寻出夏文化，证实夏代历史的存在，扫清疑古之风，以重建我国古史。

20 世纪夏商考古所取得的巨大收获和丰富的研究成果，不仅积累起极为丰富的物质文化资料，弥补了文献资料的不足，使夏、商历史的研究得到充实，而且通过考古学的研究成果，进一步证明夏、商历史是真实可靠、无可置疑的，使重建我国古史的目标基本上得到实现，因此有其深远的意义。这一目标的实现，是随着我国考古事业的不断发展、发掘资料的日益丰富、研究的不断深入而逐步取得的。

30 年代殷墟的发掘，一举发现大面积的宫殿、宗庙建筑基址，还发现王陵和大批祭祀坑，获得大量甲骨文、青铜器、玉器、石器、陶器、骨器等遗物，取得了重大收获。这一收获，进一步证明安阳小屯为殷墟的考证是可靠的。同时也从考古学上认知了晚商文化，建立了晚商文化的标尺。从此展开了晚商文化的研究，而且为进一步开展商代考古和寻找早商文化打下了基础。

继殷墟发掘之后，从 30 年代开始，又展开北亳、南亳的调查和寻找早商文化的工作。我国考古工作者赴山东和豫东地区进行了调查，结果没有获得任何线索。

50 年代初在郑州发现早于安阳小屯殷墟文化的二里冈期商代文化和郑州商城，这一发现使商代考古又一次取得进展。在二里冈期商文化和郑州商城发现后，又展开对商代前期文化和都城遗址的研究。当时，对二里冈期文化的年代，有的学者把它定为中商，对郑州商城的性质，则认为它可能是仲丁之隞都。直到 70 年代末，有的学者经过对二里冈期文化和郑州商城进一步深入研究后，提出了新观点，认为二里冈期文化属早商文化，郑州商城乃汤都亳。这一新观点提出之后，考古界即展开讨论，有人对郑州商城亳都说和二里冈期文化属早商文化的观点表示赞同和支持，也有人仍坚持认为二里冈期文化属中商文化，郑州商城是隞都。

目前尽管对郑州二里冈期文化的年代和郑州商城的性质尚未取得一致的认识，但二里冈期文化和郑州商城的发现无疑有其重要意义。二里冈期文化的发现，填补了殷墟文化和河南龙山文化之间的一段缺环，为研究早商文化创造了条件。郑州商城则是继殷墟之后发现的又一座商代城址，亦为研究早商都城创造了条件。

二里冈期文化和郑州商城发现之后，在郑州还发现年代早于二里冈期的洛达庙遗址和洛达庙类型文化。洛达庙类型的文化面貌与后来在偃师发现的二里头遗址的文化面貌相同，因此被归入二里头文化。

偃师二里头遗址，是50年代在调查"夏墟"时发现的。经发掘，发现其内涵丰富，且有大型宫殿建筑基址和青铜器等重要遗存，其文化面貌与河南龙山文化和郑州二里冈期商文化有别，因此命名为"二里头文化"。这一文化的年代介于河南龙山文化与郑州二里冈期商文化之间，因此对夏文化探索有重要意义。

但是，二里头遗址和二里头文化发现后的一段时期里，考古界普遍认为二里头遗址可能是汤都西亳，二里头文化属早商文化。亦有人认为二里头文化可能是夏代文化或先商文化。

70年代末，有的学者经过对郑州二里冈期文化和郑州商城作进一步深入研究后，认定二里冈期商代文化是早商文化，郑州商城是汤都亳，并以此为基础探索夏文化。在对年代早于二里冈期的二里头文化作了深入研究后，提出了二里头文化是夏文化之说。这一新观点经过多年的讨论，现在学术界普遍肯定二里头文化是夏文化，二里头遗址是夏都斟鄩。因此，二里头遗址和二里头文化的发现，是中原地区夏商考古继郑州二里冈期文化和郑州商城的发现之后的又一次重大进展。

80年代初发现的偃师商城与郑州商城时代相同，亦属商代二里冈期，它的发现对于早商都城遗址的研究又增加了新资料。在偃师商城发现之前，学术界对郑州商城的性质以及二里头遗址和二里头文化的性质正展开热烈的讨论，不少学者对郑州商城亳都说和二里头文化是夏文化说并不赞同。偃师商城发现后，有的学者断定它是汤都西亳，这就否定了二里头遗址是汤都西亳的观点，从而促使学术界对二里头遗址和二里头文化的性质问题作进一步的研究。根据偃师商城的发现，不少学者认为二里头文化是夏文化，二里头遗址是夏都。因此，偃师商城的发现，在某种意义上推动了夏文化探索的深入。

现在，对偃师商城的性质仍存在不同的认识，主要有两种观点：其一认为偃师商城是汤都西亳，其二则认为偃师商城是早商的桐宫或陪都。

90年代在郑州西北郊发现的小双桥商代遗址也是一处重要遗址。该遗址内发现宫殿建筑基址和不少的祭祀遗存，出土的遗物有青铜器、玉器、象牙器、原始瓷器等珍品，还发现朱书陶文，文化年代属商代二里冈期文化的最晚阶段。由于该遗址发现宫殿建筑基址和青铜器等重要遗存，因此有人认为小双桥商代遗址应是仲丁之隞都故址，亦有人认为它是郑州商城附属的宗庙祭祀场所。尽管考古界对小双桥遗址的性质有不同的认识，但小双桥遗址的发现可以说进一步推动了隞都的研究。

总之，20世纪中原地区的夏商考古是逐步取得进展的。上述重大发现和收获，使夏商文化研究逐步走向深入。正是由于不断地取得进展和研究的深入，夏商文化研究获得全面系统的开展并建立起体系，从而也就丰富和充实了夏商历史的研究。

诸边地区的夏商考古收获亦有它的重要意义。一是诸边地区发现的夏商时期文化遗存使夏商历史的研究更加丰富和充实，二是通过这些文化遗物的研究，有助于了解夏商时期各部族之间的关系。

根据对诸边地区发现的夏商时期文化的研究，可以清楚地看出，夏商时期，居住在诸边地区的部族与中原夏商部族和夏商王朝有着亲密的关系。诸边地区的部族，虽然有自己的文化传统，但与中原夏商部族和夏商王朝无论在政治、经济和文化上都有交流，而且中原文化对诸边地区的文化有着强烈的影响，尤其是青铜文化的影响更为强烈。在诸边地区发现的商代铜器，都具有与中原殷商铜器相同或相似的特征，这充分说明诸边地区的青铜文化是受中原青铜文化的影响而发展起来的。

注　释

［1］罗振玉：《殷墟书契考释·自序》。

［2］王国维：《古史新证》，清华大学出版社1996年版。

［3］中国社会科学院考古研究所：《殷墟的发现与研究》，科学出版社1994年版。

［4］徐旭生：《1959年夏豫西"夏墟"调查的初步报告》，《考古》1959年第11期。

［5］中国社会科学院考古研究所：《偃师二里头》，中国大百科全书出版社1999年版。

[6] 河南省信阳地区文管会等:《罗山天湖商周墓地》,《考古学报》1986 年第 2 期。

[7] 杨宝顺:《温县出土的商代铜器》,《文物》1975 年第 2 期。

[8] 河北省文物研究所:《藁城台西商代遗址》,文物出版社 1985 年版。

[9] 刘超英等:《河北商代带铭文铜器综述》,《三代文明研究》,科学出版社 1999 年版。

[10] 罗平:《河北磁县下七垣出土殷代铜器》,《文物》1974 年第 11 期。

[11] 辛岩等:《康佳屯城址考古获重大收获》,《中国文物报》1999 年 1 月 10 日第 1 版。

[12] 北京市文物管理处:《北京市平谷县发现商代墓葬》,《文物》1977 年第 11 期。

[13] 辽宁省博物馆等:《辽宁喀左县北洞村发现殷代青铜器》,《考古》1973 年第 4 期。

[14] 克什克腾旗文化馆:《辽宁克什克腾旗天宝同发现商代铜甗》,《考古》1977 年第 5 期。

[15] 中国社会科学院考古研究所:《夏县东下冯》,文物出版社 1988 年版。

[16] 中国历史博物馆考古部等:《垣曲商城》,科学出版社 1996 年版。

[17] 陈昌远:《商族起源地望发微——兼论山西垣曲商城发现的意义》,《历史研究》1987 年第 1 期。

[18] 同 [16]。

[19] 张崇宁:《山西平陆前庄商代遗址分析》,《三代文明研究》,科学出版社 1999 年版。

[20] 邹衡:《夏商周考古学论文集》第 274 页,文物出版社 1980 年版。

[21] 山西省考古研究所:《山西灵石旌介村商墓》,《文物》1986 年第 11 期。

[22] 西北大学历史系考古专业:《老牛坡商代墓地的发掘》,《文物》1988 年第 6 期。

[23] 张映文等:《陕西清涧县李家崖城址发掘简报》,《考古与文物》1998 年第 1 期。

[24] 王光永:《陕西省岐山县发现商代铜器》,《文物》1977 年第 12 期。

[25] 唐金裕等:《陕西省城固县出土殷代铜器整理简报》,《考古》1980 年第 3 期。

[26] 中国科学院考古研究所山东发掘队:《山东平阴朱家桥殷代遗址》,《考古》1961 年第 2 期。

[27] 山东省博物馆：《山东益都苏埠屯第一号奴隶殉葬墓》，《考古学报》1977 年第 1 期。

[28] 贾笑冰：《滕州前掌大商墓发掘获得新成果》，《中国文物报》1999 年 3 月 14 第 1 版。

[29] 山东省博物馆：《三十年来山东文物考古工作》，《文物考古工作三十年》第 190 页，文物出版社 1979 年版。

[30] 安徽省博物馆：《安徽含山县孙家岗遗址调查试掘》，《考古》1977 年第 3 期。

[31] 杨权喜：《湖北商文化与商朝南土》，《中国商文化国际学术讨论会论文集》第 283 页，中国大百科全书出版社 1998 年版。

[32] 湖北省博物馆：《1963 年湖北黄陂盘龙城商代遗址的发掘》，《文物》1976 年第 1 期；《盘龙城 1974 年度田野考古纪要》，《文物》1976 年第 2 期。

[33] 同 [31]。

[34] 何介钧：《试论湖南出土的商代铜器及商文化向南传播的几个问题》，《中国商文化国际学术讨论会论文集》第 290 页，中国大百科全书出版社 1998 年版。

[35] 江西省博物馆：《江西清江吴城商代遗址发掘简报》，《文物》1975 年第 7 期；《江西清江吴城商代遗址第四次发掘主要收获》，《文物资料丛刊》第 2 辑，文物出版社 1978 年版。

[36] 江西省文物考古研究所等：《江西新干大洋洲商墓发掘简报》，《文物》1991 年第 10 期。

[37] 彭适凡：《江西先秦考古》第 58 页，江西高校出版社 1992 年版。

[38] 四川省文物管理委员会等：《广汉三星堆遗址一号祭祀坑发掘简报》，《文物》1987 年第 10 期。

[39] 四川省文物管理委员会等：《广汉三星堆遗址二号祭祀坑发掘简报》，《文物》1989 年第 5 期。

[40] 王家佑：《记四川彭县竹瓦街出土的铜器》，《文物》1961 年第 11 期。

二 二里头文化与夏文化探索

二里头文化，是以偃师二里头遗址的发现而命名的。60年代初，在偃师二里头遗址的发掘中，发现其内涵比较丰富，有宫殿建筑基址等重要遗存，由此引起考古界的重视。该遗址的文化面貌，既与河南龙山文化有别，亦与郑州二里冈期商文化相异，具有典型性和代表性，因此将以二里头遗址为代表的文化遗存命名为二里头文化。二里头文化发现后，因其文化年代介于河南龙山文化与郑州二里冈期商文化之间，故被作为探索夏文化的重要对象。通过多年来对二里头文化的深入研究，现在学术界普遍认为二里头文化是夏文化。因此，对二里头文化深入研究的过程，也就是对夏文化深入研究的过程。

（一）二里头文化的发现与分布

二里头文化遗存发现较早，在发现偃师二里头遗址之前就有发现。1953年，在登封县玉村遗址就发现这类文化遗存，当时发掘者就注意到了该遗址的文化特征与郑州二里冈期商文化有所不同，因而提出了"玉村与二里冈遗址似属于两个文化系统"的看法[1]。

1956年，在郑州洛达庙遗址又发现这类文化遗存[2]。该遗址的发掘规模较大，出土遗物比较丰富，文化面貌特征比较明显，尤其是陶器特征与郑州二里冈的陶器有别，因此后来将其命名为"洛达庙类型文化"。其后，在郑州董砦遗址又发现洛达庙类型文化堆积层上叠压着二里冈期商文化层，由此确定了洛达庙类型文化的年代早于二里冈期商文化。

1958年，在洛阳东干沟遗址亦发现这类文化遗存[3]。该遗址从1958年至1959年进行过三次发掘，发现的文化遗存亦比较丰富。最重要的是发现有青铜器，出有小铜刀和铜锥，这是在二里头文化遗址中首次发现青铜器。同时还发现二里头文化灰坑打破河南龙山文化晚期灰坑的地层关系，这就为确定二里头文化与河南龙山文化的相对年代关系提供了地层依据。

1959年，中国科学院考古研究所徐旭生等人赴豫西地区进行"夏墟"调查，在偃师县发现了二里头遗址。经过初步勘察，发现二里头遗址面积大，地面上暴露出的遗物比较丰富，因而认为二里头遗址是一处重要遗址，由此引起了考古学界的重视。

二里头遗址位于洛阳平原东部，在偃师县城西南约9公里。该遗址的面积相当大，总面积约375万平方米，包括二里头、圪垱头、四角楼、寨后村和辛庄5个自然村（图一）。1959年秋开始进行钻探发掘，至1964年春共进行了9次发掘。在这一阶段的钻探发掘中，发现了大型宫殿建筑基址、陶窑、水井和40多座墓葬，出土大量陶器、石器、骨器和一些青铜器、玉器等文物，对二里头遗址的文化面貌获得比较明确的认识。

由于在二里头遗址发现的文化遗存比较丰富，文化面貌特征也比较鲜明，具有典型性和代表性。因此，1962年夏鼐先生就把以二里头遗址为代表的一类文化遗存称为二里头类型文化。1977年，夏鼐先生又进一步提出二里头文化的命名，从

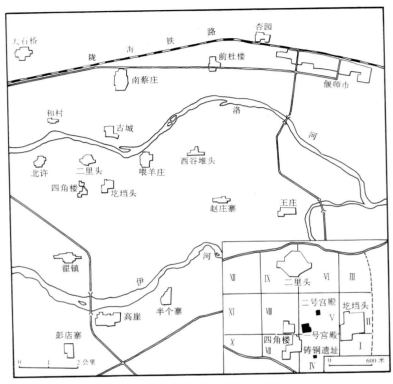

图一　偃师二里头遗址位置及保护区范围示意图（据郑光，1996）

此，二里头文化在夏商考古上就成为一种重要的考古学文化概念而被考古学界认同。

　　二里头文化的分布面比较广，但中心区是在豫西地区和晋南地区，郑州地区亦有分布。在这些地区内发现的二里头文化遗址不少，其中比较重要的典型遗址，除偃师二里头外，还有洛阳东干沟、巩县稍柴、郑州洛达庙和山西夏县东下冯遗址等。这些遗址发现的文化遗存的面貌特征与二里头遗址的遗存基本相同，亦有一些差异，因此同属二里头文化系统，但又有不同类型之称。以二里头遗址为代表的遗存称二里头型，以山西夏县东下冯遗址为代表的遗存则称二里头文化东下冯型。其他地区发现的与二里头文化年代相当的文化遗存，则或多或少地带有二里头文化特征，但不典型。对这些地区发现的与二里头文化年代相当的遗存，有人亦把其归入二里头文化范畴；有人则把其和二里头文化加以区分，归入另一种考古学文化范畴，如在豫北冀南地区发现的与二里头文化年代相当的遗存，有的学者即把它归入商文化范畴，称先商文化。

（二）二里头文化的特征、年代与分期

偃师二里头遗址从 1959 年开始钻探发掘，至今已有了四十多年的历史。经过长时期的考古发掘，对二里头遗址的基本情况已获得比较全面的了解。据现有的考古资料，二里头遗址有宫殿区、手工业遗址区和墓葬区之分。遗址的中部为宫殿区，北部发现有烧陶的窑址，南部发现有铸铜的遗迹（包括铜渣、陶范和坩埚残块），北部和东部发现有大量骨料和制骨工具，这些地点很可能是手工业作坊遗址区。在二里头村东南和圪垱头村北的高地上，有中型墓的分布，这有可能是贵族墓的分布区[4]。

多年来，在宫殿区内已探出夯土建筑基址 34 块，其中有 2 块最大的夯土基址已作了发掘，发现 2 座大型宫殿建筑。在遗址内已清理墓葬近千座[5]。出土的遗物有大量陶器、石器、骨器、蚌器和部分青铜器、玉器、漆器等。

二里头文化，与河南龙山文化和郑州二里冈期商代文化有

别，其自身鲜明的特点主要表现在陶器上。

二里头文化的陶器以灰陶为主，亦有黑陶、红褐陶和少量的白陶及印纹硬陶。多数有纹饰，有绳纹、篮纹、方格纹、附加堆纹、划纹、浅刻花纹和印纹等，以绳纹为主。浅刻花纹有龙纹、蛇纹、鱼纹、蝌蚪形纹、饕餮纹和人象纹等。印纹有云雷纹、圆圈纹和花瓣纹等。在器物的内壁，普遍施有麻点。在大口尊的口沿内，则多刻有符号标记，符形有 丨、丨丨、川、囗、Ⅿ、个、丯、Ⅹ、Ⅶ、▽、ⴄ、夲、川、禾、Ⅴ、門、才、儿、乂、囝、乚、勿、十、𤔲 等 20 多种。器类有罐、鼎、甗、甑、鬲、盆、碗、豆、盘、杯、碟、三足皿、壶、盉、角、觚、斝、爵、鬶、尊、缸、瓮和刻槽盆等 20 多种。各类器物都有不同的形式，变化多样。鼎有罐形扁足鼎、带耳鼎、四足方鼎等形式。罐有高领罐、圆腹罐、敛口罐、深腹罐等形式。壶有贯耳壶、细颈壶、单耳壶、扁腹壶等形式。尊有大口尊、四系尊、矮颈尊、直颈尊、瓶形尊等形式。其作风多姿多彩，很有特色。

二里头陶器最显著的特点是，它有一组特征鲜明的、独特的器物群，主要体现在：炊器以罐、鼎为主，食器和容器中有深腹盆、三足盘、平底盆、豆、澄滤器、小口高领罐和大口缸，酒器中有觚、爵、盉等。此外花边口沿装饰的圆腹罐、深腹盆、甑和口沿下附加一对鸡冠形錾的圆腹罐等等亦很有特色。二里头文化不见河南龙山文化中常见的斝、带把鬲、带耳罐、杯、碗和双腹盆，亦与以鬲、斝、甗、卷沿圜底盆、簋、大口尊、小口直颈瓮等器物为代表的郑州商文化有明显的差别。因此，二里头文化既不属于河南龙山文化，亦不应归入商文化范畴[6]。

但是，二里头文化的陶器也有和河南龙山文化陶器相似的作风。在二里头文化陶器中，有些器物的形制如罐形鼎、深腹罐、平底盆、豆、鬲等，就与河南龙山文化的同类器相似。纹饰上流行绳纹、篮纹、方格纹的作风，亦与河南龙山文化陶器纹饰基本相同。这些相似的特征，说明二里头文化是继承河南龙山文化发展而来的，两者之间有一定的承袭关系。

二里头文化的年代晚于河南龙山文化而早于郑州二里冈期商文化，在临汝煤山等遗址曾发现二里头文化层叠压在河南龙山文化层之上，在二里头等遗址则发现二里头文化层被郑州商代二里冈期文化层所叠压。这些地层关系，说明二里头文化的相对年代介于河南龙山文化与郑州二里冈期商文化之间。二里头文化的绝对年代，依据^{14}C测定并经树轮校正的年代数据，大致为公元前2010～前1625年之间。

二里头文化的分期，最初是根据地层和出土陶器的变化分为早、中、晚三期。在郑州洛达庙遗址发现的二里头文化就分早、中、晚三期，在洛阳东干沟遗址发现的二里头文化亦分早、中、晚三期。在1960～1964年的发掘中，二里头遗址的文化层被分为早、中、晚三期。1974年在二里头遗址第一号宫殿建筑基址的发掘过程中，依据新发现的地层，从第三期中又区分出第四期。这四期文化，从早到晚一脉相承，自成一系。但各期之间的陶器有一定的区别。

第一期陶器以篮纹为主，亦有绳纹、方格纹、附加堆纹等。主要器形有花边口沿圆腹罐、折沿盆、甑、深盘豆、杯、碗、刻槽盆、瓦足三足盘、折沿缸、侈口罐形鼎等。

第二期的陶器纹饰以较细的绳纹为主，亦有篮纹、方格纹

二里头文化碳十四测定年代数据表

实验室编号	遗址地名和测定标本	文化分期	¹⁴C 年代(5730)	¹⁴C 年代(5570)	树轮校正年代(按达曼表)
ZK—286	偃师二里头（木炭）	二里头四期	3335±85 1385B.C.	3245±85 1295B.C.	3575±135 1625B.C.
ZK—257	二里头（木炭）	二里头三期	3195±90 1245B.C.	3105±90 1155B.C.	3400±155 1450B.C.
ZK—680	二里头（木炭）	二里头二期	3915±150 1965B.C.	3800±150 1850B.C.	4300±185 2350B.C.
ZK—764—0	二里头（兽骨）	二里头二期	3445±95 1495B.C.	3345±95 1395B.C.	3715±100 1765B.C.
ZK—829	二里头（木炭）	二里头一、二期	3590±100 1640B.C.	3485±100 1535B.C.	3890±120 1940B.C.
ZK—285	二里头（木炭）	二里头一期	3555±80 1605B.C.	3485±80 1505B.C.	3850±130 1900B.C.
ZK—211—I	二里头（蚌壳）	二里头早期	3570±95 1620B.C.	3475±95 1520B.C.	3870±115 1920B.C.
ZK—738	密县新寨（木炭）	二里头早期	3575±80 1625B.C.	3470±80 1520B.C.	3875±100 1925B.C.
ZK—353	洛阳矬李（木炭）	二里头一期	3645±130 1695B.C.	3545±130 1595B.C.	3960±145 2010B.C.

（摘自《中国考古学中碳十四年代数据集》）

和附加堆纹。器类主要有折沿深腹罐、折沿盆、瓦足三足盘、盂、爵、鬶、杯、深盘豆、矮颈瓮、高领罐、捏口罐等。纹饰、器形和风格等，都与一期有所不同。

第三期的陶器纹饰以绳纹为主，亦有篮纹和方格纹等。主要器形有卷沿圆腹罐、卷沿盆、侈口鬲、甗、折沿罐形鼎、平底盆、大口尊、深盘豆、浅盘豆、盂、敛口瓮等。纹饰和器形与二期区别明显。

第四期陶器以粗绳纹为主。主要器形有侈口深腹罐、花边口沿圆腹罐、卷沿盆、卷沿鬲、甗、大口尊、瓮、觚、爵、小壶等。纹饰和器形与三期不同（图二）。

这四期文化中，无论纹饰和器物种类都有延续性，亦有一定的变化。其中一、二期陶器比较接近，代表二里头文化早期。二、三期之间的陶器有较大区别。三、四期陶器又比较接近，代表二里头文化晚期。二里头文化的发展，以二、三期较繁盛，尤其第三期最为繁盛，许多重要文化遗存都发现于第三期文化中。

（三）二里头的宫殿建筑基址与小型房基

在二里头遗址的考古发掘中，已钻探出数十座夯土基址，在夯土基址上发现有宫殿建筑。遗址内发现的小型房基还不多，约有20多座，有半地穴式房基，亦有地面建筑。

已探出的夯土基址，最大的长、宽在100米左右，最小的边长为20～30米。在大型夯土基址内，揭露出两座宫殿建筑，由殿堂、廊庑、庭院和大门组成一组布局有序的建筑群。

1. 一号宫殿基址

一号宫殿建筑基址位于遗址的中部。夯土台基东西长约108米，南北宽约100米。现存台基面高出当时地面约80厘米。台基的夯土层很薄，夯印清晰，质地坚硬。台基中部偏北发现一座殿堂，其北、西、南三面是廊庑，台基南面是大门，台基中间是宽阔的庭院[7]（图三）。

殿堂呈长方形，东西长30.4米，南北宽11.4米，略高出周围的夯土台基。基座垫有三层鹅卵石，以加固基址。四周分布有大柱洞和柱础石，南北两面各9个，东西两面各4个，排

二里头文化陶器分期图（一）

名称＼分期	深腹罐	鼎	甑	鬲
二里头文化四期	YLⅠⅢH23:2 古84:7	86YLⅥH5:1　86YLⅢT22③:1	84YLⅢH10:4	81YLⅣM2:1
二里头文化三期	89YLⅥH101:1	92YLⅥM25:4　83YLⅣH50:1	87YLⅥH84:4	85YLIXM9:1
二里头文化二期	YLVH110:10 古74:4	83YLVT5:1　85YLIXH29:1	83YLVT203⑥:1	85YLIXH30:1
二里头文化一期	YLHXH15:1 古85:12	65YL	93YLⅣG1:2	

二里头文化陶器分期图（二）

名称 分期	圆腹罐	盆	平底盆	刻槽盆
二里头文化四期	92YLⅥM57∶16	84YLⅢH1∶22	74YLVH87∶11	92YLIXH11∶2
二里头文化三期	92YLⅥM28∶1	92YLⅥM25∶5	83YLⅢM2∶8	92YLIXT9③∶1
二里头文化二期	86YLⅥH8∶3	85YLH30∶2	85YLIXM10∶4	84YLⅢT14④∶1
二里头文化一期	74YLVT13⑤∶1	65YL		98YLIXH3∶4

二里头文化陶器分期图（三）

名称 分期	盉	鬶	爵	觚
二里头文化四期	82YLⅣM13∶4		82YLⅥM13∶3	87YLⅣVM1∶2
二里头文化三期	65YL　　83YLVM3∶8	65YL	83YLVM3∶7	65YL
二里头文化二期	65YL　　85YLXM29∶9	87YLⅥM49∶2	85YLIXM15∶5	92YLⅥM43∶5
二里头文化一期	74YLVT13C⑤∶2	85YLIXH12∶2	HM54∶7	HM54∶4

二里头文化陶器分期图（四）

名称 分期	三足盘	簋	豆	
二里头文化四期		74YLVH57：13	86YLⅣH23：4	86YLⅣH23：2
二里头文化三期	85YLⅨM8：1　　65YL	65YL	85YLⅣM8：7	M8：6
二里头文化二期	85YLⅨM10：5	65YL	84YLⅢM5：1	83YLVT1⑥：1
二里头文化一期	74YLVH72：14		82YLⅤT15⑩：1	82YLVT15⑩：2

二里头文化陶器分期图（五）

名称 \ 分期	大 口 尊	缸	瓮	器 盖
二里头文化四期	74YLVH73：21	74YLVH52：4	74YLVM51：2	84YLⅣH50：4
二里头文化三期	87YLⅥH84：1	82YLIXH23：7	65YL	89YLⅥH101：3
二里头文化二期	85YLIXM15：2	85YLIXH23：7	65YL	91YLⅥH9：8
二里头文化一期			74YLVH72：13	82YLVT15⑩：4

图二　二里头文化陶器分期图

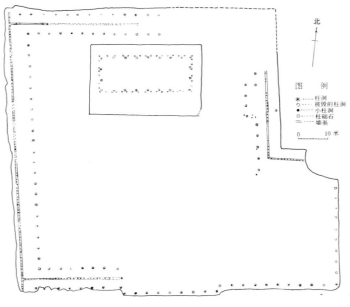

图三　二里头一号宫殿基址平面图

列整齐。柱洞间距约 3.8 米，直径为 0.4 米。在大柱洞的外侧约 0.6～0.7 米处，还有一圈小柱洞或柱础石，其排列是由两个小柱洞附一个大柱洞。每对小柱洞相距约 1.5 米，口径 0.08～0.2 米。柱石有红砂石和青石两种，未经加工，多为不规则的方块，大小不一。大柱洞只垫 1 块，一般的垫 3～5 块。个别柱础是由三层或四层石块摞在一起，厚达 0.4 米。有的柱石则露在夯土面上。据分析判断，大柱洞或柱石是殿堂的檐柱，小柱洞或柱石则可能是支撑殿堂出檐的挑檐柱。从殿堂檐柱的数量和布局判断，殿堂应是面阔 8 间、进深 3 间的双开间建筑。从挑檐柱可知其屋顶应是四坡出檐式建筑。这种建筑结构与《考工记》所载宫室是"四阿重屋"的形式相符。

宫殿四周有回廊，在四周回廊内发现有墙基。西墙基全长98 米；南墙基东起大门，西与西墙基相接，长 33.7 米；北墙基西端亦与西墙基相接，东端尚未清理。墙基宽 0.45～0.6 米，深 0.4～0.7 米，均为夯筑。墙基中间均有一排小柱洞，估计为木骨泥墙。

大门位于夯土基址南部。在大门处发现一排柱子洞，共 9 个，直径约 0.4 米，间距 3.8 米，东西向排列。这些柱洞应为大门廊柱，大门为面阔 8 间的牌坊式建筑。大门以南的夯土呈坡状，在缓坡上发现有路土。

在宫殿台基北侧发现陶水管。这种陶水管可能与宫殿的地下排水管道有关。在夯土台基上的灰坑和灰层中出土较多的遗物，其中有凿、锥、刀、镞、鱼钩等铜器，亦有玉器和不少的陶器、骨蚌器。

这座宫殿的建筑年代定为二里头文化三期。其地层关系是：在夯土台基下压有二里头文化一期和二期的灰坑，在台基上面则发现有二里头文化四期的灰坑，宫殿基址内包含有二、三期的陶片。

2. 二号宫殿基址

二号宫殿基址亦位于遗址中部，西距一号宫殿基址约 150 米。夯土台基南北长约 72.8 米，东西宽 57.5～58 米。夯土台基上亦发现由殿堂、回廊、围墙、大门组成的一组建筑群。在殿堂北有一座大墓。

殿堂建筑基址高于夯土台基，长 32.6 米、宽 12.75 米，高出当时庭院地面约 0.2 米。四周有柱洞分布，东西一排 10 个，南北一排 4 个。柱洞直径约 0.2 米，深 0.4～0.75 米，间距 3.5 米。殿堂墙基东西长 26.5 米，南北宽 7.1 米。在墙基槽内有排列密集的柱洞。墙基槽底部平放有方形横木以承木柱。殿堂面阔 3 间。墙外有回廊（图四）。

宫殿建筑基址四周有围墙，在东、西、南三面围墙内有回廊。

东墙的墙基全长 72.8 米。有 4 个缺口，可能是门道。在第一和第四道缺口下发现有排水管道，其中第一道缺口下为陶质水管，第四道缺口下为石砌的排水沟。

东回廊依东墙，北抵北墙，南接南墙里廊，总长 59.5 米，宽 4.4～4.9 米；中部有一小屋，三面都有墙基，由北至南有一排柱洞。

西墙和西回廊保存较差，亦有墙基和柱洞发现。在墙基处发现一条排水沟，长度有 14.5 米，沟坑上宽下窄，深 0.45 米。

南墙分东西两段，中间有大门门道相隔。东段保存较好，东端与东墙相接。西段已破坏，只存一宽 0.6 米的墙基槽。基槽内有立柱作木骨。东段长 15.6 米，西段长 25 米。

南围墙的内外两面皆有回廊。回廊基址为夯筑。东段内外回廊宽 3 米，西段内外回廊宽 3～3.2 米。内外回廊处均发现有柱洞。

在南墙东段的西端和西段的东端各有一间小屋。这两间小屋被认为有可能即是文献所记载的"东塾"和"西塾"。

南大门位于南墙中部偏东，由东西一排三间房屋和廊子所组成，四周皆有墙。大门道中间的墙槽有缺口。它是一座庑式建筑。

大墓位于中心殿堂以北偏东，北距北墙 0.9 米，南距中心

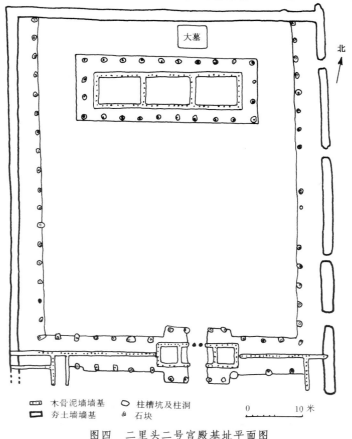

大墓

北

木骨泥墙墙基　　柱槽坑及柱洞

夯土墙墙基　　石块

0　　　　10 米

图四　二里头二号宫殿基址平面图

殿堂台基 1.5 米。中线通过大门门道正中，与大门南北相对。此墓已被盗，只残存有少量遗物。

在庭院东部发现两处地下水道。一处在庭院东北部，水道穿过东廊和东墙的第一道缺口，由若干节陶水管接成，保存有11节。另一处在庭院东南部，水道沿东廊向东，距南墙4.1

米处东拐，从东墙的第四道缺口穿出。这是一条用石板砌成的方腔水道。

二号宫殿建筑亦是建筑在二里头文化二期的地层上，上面叠压着三、四期的路土及略晚于四期的地层。夯土内出土二里头三期陶片。据此推定，其始建年代在二里头三期，废弃年代在二里头四期偏晚。

在二号宫殿基址内，亦出有一些铜器、玉器和少量陶器、石器、骨器。铜器中有容器的圈足和铜镞。在宫殿基址的南墙西段和西墙南段还发现二里头二期的夯土基址，已知的范围南北长 28 米，东西宽 20 米以上。在较高的夯土面上只有路土，由此可知，在二里头遗址有属于二里头二期的夯土基址[8]。

这两座宫殿建筑基址是二里头遗址考古发掘中最重要的发现。它们的发现，是确定二里头遗址性质的最重要依据，由此说明二里头遗址是一处都邑遗址。同时，这两座宫殿基址的发掘资料对研究我国古代宫殿建筑的布局和结构亦有其重要价值。这两座宫殿建筑的规模都不小，建筑年代亦相当，其中以二号宫殿的建筑规模稍大，但一号宫殿基址内未发现大墓，而在二号宫殿基址内则发现有大墓，因此这两座宫殿建筑基址的性质可能有所不同，一般认为二号宫殿建筑基址可能属宗庙、陵寝之类。

3. 小型房基

在二里头遗址内还发现不少小型房基。这类小型房基有半地穴式建筑，亦有地面建筑。这些房基的年代分属于二里头文化的第二、三、四期。房基的形状有方形、长方形、圆形三种，以方形和长方形居多。

半地穴式房基的面积不大，一般约 10 平方米左右，有门道和台阶。房基内有柱洞发现，居住面平整。

地面建筑房基多数面积不大，少数面积较大，大的有数十平方米，有的还有长廊。这类建筑一般都挖有基槽，基址四周保存有残墙基，墙基和室内地面有的还有经火烧烤的痕迹。有的地基经过夯打，有的地面或铺垫料礓石粉末，或抹草拌泥。有的房基内有长方形土台。在房基内部有柱洞发现，有的柱洞底垫有石柱础，有的则有夯土墩。长方形房基多分内外两室。圆形房基的面积最小，一般不足 10 平方米，地面平整坚实，有的经过烧烤。

二里头遗址的小型房基在建筑方式结构和面积等方面都有一定的差别，这反映出当时人们在居住条件上不尽相同。相比之下，这些房基与宫殿建筑的反差更大。

（四）二里头的墓葬

二里头遗址发现的墓葬据说有近千座之多，但已公布资料的不多。已发表资料的墓葬，1959～1978 年清理的数量只有百多座，其中一期的墓 6 座，二期 18 座，三期 47 座，四期 37 座[9]。墓有大、中、小型和无墓坑之分，不同类型墓的随葬品也有所不同。

大墓只发现 1 座，位于二号宫殿基址中心殿堂以北。此墓的墓坑长 5.24～5.35 米，宽 4.5 米，深 6.1 米，四周有生土二层台。棺室长 1.85 米，宽 1.30 米，深 1.70 米。墓内填土从上至下都经过夯筑。墓内的随葬品由于早期被盗，所剩无几，只残存有朱砂、漆皮、蚌饰片、涂朱陶龙头，还有一个装有狗骨架的漆木匣。此墓的年代，据推断属二里头文化三期。

中型墓发现有 10 座。此类墓的墓坑一般长 2 米，宽 1 米以上。墓内有棺，墓底有朱砂，随葬器物有青铜器、玉器、绿松石饰和陶器等，有的还有木漆器、象牙器、石磬和海贝。随葬的青铜器有容器、工具、兵器和铜饰，玉器有璋、钺、戈、圭和柄形饰。有的墓随葬品保存较好，有的则被盗，只剩一些遗物；有的地点只发现有青铜器、玉器，估计亦是墓内的随葬品。

1980 年秋，在第Ⅲ区和第Ⅴ区发现中型墓 3 座，其中Ⅲ区 2 座，Ⅴ区 1 座[10]。

ⅢM2 墓坑长 2.55 米，宽 1.2 米，深 0.85 米。墓底铺有较厚的朱砂，最厚处达 6 厘米。朱砂范围和棺的范围相当。坑底残存有棺的漆皮，有腰坑。随葬品比较丰富，有铜爵和铜刀各 2 件，还有玉圭、玉钺、陶盉、陶爵、陶盆以及漆盒、漆豆、筒形漆器、雕花残漆器等。此墓保存较好，是二里头发现的中型墓中遗物比较丰富的一座。

ⅢM4 墓坑长 2.15 米，宽 1.30 米，现存深 0.64 米。墓内亦有棺，墓底残存有红漆皮，亦有朱砂，厚约 2 厘米。此墓已被盗，残存有青铜器残片、铜尖状器、玉器和陶器。其中铜尖状器上镶嵌有数排绿松石片。玉器有管饰约 200 多件。陶器有盉、罐。

ⅤM3 墓坑长 2.15 米，宽 1.3 米，深 1.3 米。墓内填土经过夯实，有二层台。墓底亦铺有朱砂，残存有红漆皮，可知有棺。随葬器物残存有玉璋、玉钺、玉尖状器、绿松石饰和陶器，其中玉璋有 2 件。

1986 年秋和 1987 年春，在Ⅵ区作了 3 次发掘，共发现 58 座墓，其中有 3 座中型墓，以 M57 的随葬品最丰富[11]。此墓墓底铺有2～3厘米厚的朱砂，有木棺。随葬器物有铜器4件、玉器8件、陶器9件、石铲1件，还有穿孔贝壳和绿松石饰。铜器中有爵、铃、刀、牌饰，玉器有戈、刀、柄形饰、铃舌和月牙形器，陶器有盉、盆、罐等。

此外，在二里头遗址还有一些地点出土铜器和玉器，估计亦是墓葬。

1975年秋，在二里头遗址清理了几个土坑，出有铜器和玉器。K3是一个大坑，内套一个小坑。在大坑内出有铜爵、铜泡、铜戈、铜钺、玉饰和石磬，小坑内出有圆形铜器、玉钺、玉戈、绿松石饰、骨串珠和海贝。这些遗物很明显应是墓内的随葬品。K4亦出有圆形铜器、玉器各1件。玉器是一兽面纹柄饰。K5出有玉钺和绿松石饰[12]。

1975年夏，偃师县文化馆亦在二里头遗址发现青铜器、玉器。铜器有爵1件，玉器有钺、刀、柄形饰，还有数十个绿松石雕刻的小动物和圆陶片[13]。这些铜器和玉器亦应是墓内的随葬品。

1987年春，在二里头遗址Ⅴ区又发现了3件铜器和1件玉器，还有陶器。这是当地村民挖出的。已追回铜鼎、铜斝各1件，还有1件未追回，据当事人描述，很可能是盉[14]。这是二里头所发现的青铜器中，仅见的鼎、盉两种器物，估计亦应是墓内随葬的器物。

上述情况表明，在二里头遗址发现的中型墓都随葬有铜器和玉器。由此类推，凡出铜器和玉器的亦应属中型墓。各墓随葬的铜器有种类和数量的差别。随葬器物最多的是K3，此墓出土铜爵1件，还采集到1件，共计有2件铜爵。此外，还出有铜戚和铜戈一类兵器。这些有铜器和玉器随葬的墓当是贵族墓，随葬器物种类和数量有别，反映出墓主人的身份地位亦有等级差别。

小型土坑墓的墓坑较小，一般长 1.8 米，宽 0.6 米左右，多无棺。多数墓内有随葬品，少数无随葬品，有随葬品的墓坑较大。有的墓内亦撒有朱砂。有的墓内有朽木痕迹，或许是棺。

在 1960～1964 年发掘的 48 座墓中，有墓坑的为 19 座。葬式多仰身直肢，随葬品以陶器为主，最多的有 21 件，最少的 1 件。随葬陶器种类常见的有鼎、豆、觚、爵、角、盉、盆、罐、盘、簋、瓮、三足盘、鬶、杯等[15]。

在 1986 年秋和 1987 年春发掘的一批小墓中，约有一半有陶器随葬。这批墓中，少数墓有朱砂，个别墓有木质葬具。葬式亦以仰身直肢为主。有个别成年男女合葬墓。随葬器物主要是陶器，有的还有骨器、漆器。随葬陶器最多者 8 件，器类包括罐、盆、三足盘、豆、鬶、角各 1 件，觚 2 件；最少者 4 件，包括鼎、盆、豆、罐各 1 件。个别墓还有涂朱的大鼋甲，这是罕见的[16]。

上述现象，反映出二里头小墓的随葬品亦有一定的差别，这或许是贫富不均造成的。

无墓圹的墓在二里头遗址中普遍发现。这类墓的死者无墓穴，多埋于灰层或灰坑内，亦无任何随葬品。其葬式各异，有屈肢葬、俯身葬、蹲坐式葬和身首分离等葬式。有的俯身葬，死者两手上举过头，手腕相交，躯干弯曲，下肢微屈，似双手被缚而遭活埋的。有的死者则左手弯曲压在胸前，右手反折背后，右下肢残缺。亦有单个人头和零散肢骨被发现[17]。这些死者，似属非正常死亡，有的可能是被杀害的。

墓葬资料是研究当时社会状况的重要资料。二里头的墓葬，有大、中、小型和无墓圹墓之分，这反映出当时的社会已存在阶级。大、中型墓有棺，随葬品丰富，而且有铜器、玉器、漆器之类的珍品随葬，墓主当是贵族。小墓中有陶器之类的随葬品，死者应是平民。无随葬品和无墓圹的墓主则当是奴隶，其中身首分离、肢体不全的死者，则有可能是被杀害的奴隶或战俘。

（五）二里头的青铜器和玉器

二里头遗址发掘出的大量遗物中，有青铜器、玉器、绿松石饰、象牙器和木漆器等珍品。这些遗物，制作工艺比较精，文化品位高，是反映二里头文化发展水平的重要标志。

二里头遗址出土的青铜器种类和数量并不多。青铜器可分为容器、兵器、工具和铜饰件四类。其中容器有鼎、斝、爵，兵器有戚、戈、镞，工具有锛、刀、凿、锥、鱼钩，装饰品有铜铃和圆牌形铜饰等（图五）。各类铜器的数量不多，较多的是铜爵，有6件，其次是斝，有3件，鼎只有1件。此外可能还有铜盉，已失落。已出土的铜器当属三、四期的遗存。

二里头出土的铜器，很明显地具有早期青铜器的作风和特征。其特点是出土的数量和种类不多，质量亦较差。这些铜器均由铜锡合成，器体小而轻薄，形式固定，制作粗糙，器表多素面，少数饰有简单的花纹。

二里头的青铜器合金成分为铜和锡。经冶金部钢铁设计研究院用电子探针方法定量分析，铜爵Ⅷ T22③：6 含铜92%、锡7%，铜锛ⅢT2Fw210 含铜98%、锡1%[18]。

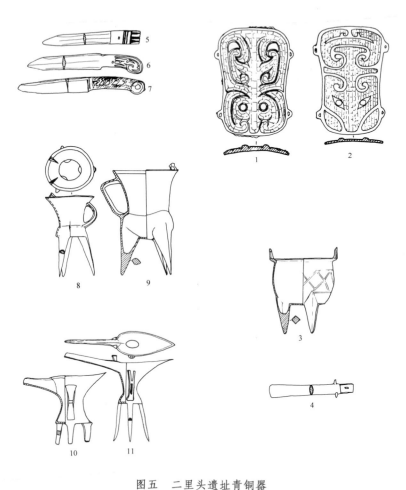

图五　二里头遗址青铜器

1、2.铜牌饰　3.鼎　4.戚　5、6、7.戈　8、9.斝　10、11.爵

　　铜器的铸造方法各有不同。工具和兵器都是采用双合范铸成。容器则是用多合范铸成，既有内范，亦有外范，其中铜爵

的铸造，至少用 4 块范合铸。铜饰件的铸造，则采用了镶嵌工艺，在铸饰件时，用绿松石片镶嵌在饰件内，以增加饰件的美观。

铜容器的形制均仿照陶器的器形，如铜爵、铜斝和铜鼎的形制均与陶器的同类器相仿。铜爵形态为长流短尾，束腰平底，三棱锥足。每件铜爵的形制并不完全相同，主要是体有高矮，流与尾有长短的不同。铸有花纹的铜容器有鼎，器腹饰有简单的带状网格纹。采集的一件铜斝（Ⅴ采 M∶66），腰饰凸弦纹，四面有三周圆圈纹。这件铜器的年代较晚，属二里头四期。

二里头出土的青铜器中，铸造工艺最精美的是铜饰件。已出土的铜饰件有 4 件，其中 2 件发现于 1975 年秋发掘的 K3和 K4，另 2 件分别发现于 1981 年和 1986 年发掘的墓葬中。

K3 和 K4 出土的圆形铜饰，上面都镶嵌有绿松石饰。其中 K3∶16 的直径 11.6 厘米，厚 0.1 厘米，上有 4 孔，其中 3个残孔有钉痕，背面还有木质痕，四周镶嵌有绿松石片。K4∶2 直径 17 厘米，厚 0.5 厘米，器边用 61 块长方形绿松石片镶嵌，中间镶嵌成两圈，出土时它包有至少 6 层粗细不同的四种麻布[19]。由此可看出当时对这类铜饰件的珍视。

1981 年在二里头清理的 6 座墓中都有铜器、玉器。其中M4 出有 1 件铜牌饰，呈椭圆形，长 14.2 厘米，宽 9.8 厘米，束腰，两侧各有 2 穿孔钮，凸面由许多不同形状的绿松石片镶嵌排列成兽面纹，组合非常精巧[20]。

1986 年秋至 1987 年春发掘的墓中，M5 亦出有 1 件铜饰。呈圆角梯形，瓦状隆起，两侧各有 2 钮。用青铜铸成一个兽面纹镂孔框架，其上镶嵌有许多绿松石片，约有 400 多块，有长条形、方块形和三角形，排列成一猛兽形象，圆头，两眼圆睁，虎鼻状直鼻，下颌有利齿，形象凶猛，威武生动，色彩斑斓，绚丽协调，工艺精湛[21]。

二里头遗址还出土不少铸铜遗物。出土铸铜遗物的地点不止一处，面积最大和出土铸铜遗物最多的是在第四区发现的一处。据说它有一座座工场式的作坊，出有各种形式的坩埚、炉壁、陶范，有的陶范还有花纹。其中有一些陶范是用来铸造器形奇特的大型铜器的。这一铸铜作坊遗址的面积达 1 万平方米以上，延续年代也比较长[22]。这些铸铜遗物的发现，说明二里头出土的青铜器是本地所铸造的。

二里头出土的青铜器，是我国夏商考古发现中年代最早的青铜器，对研究我国青铜文化的发展非常重要。这些铜器虽然具有早期铜器的特点，但铸造技术已相当成熟，而且亦有较高的工艺水平。郑州发现的商代二里冈期青铜器在作风上与二里头的铜器有继承性，因此二里冈期商代铜器应是继承二里头文化发展起来的。

二里头出土的玉器也不多。器类有镯、璋、琮、玦、钺、筒、版、刀和柄形饰等，其中柄形玉饰出土较多，雕刻亦比较精美。这些玉器有乳白、淡青、紫红、嫩绿等色。比较精美的玉器有玉璋和柄形玉饰。

在ⅤM3出土 2 件玉璋，器形较大。其中一件长 54 厘米，中宽 14.8 厘米。另一件长 48.1 厘米，中宽 11.4 厘米。前一件的器身一侧钻有圆孔，圆孔中镶嵌有绿松石片，两阑均出扉牙，这是最精美的一件玉璋。

玉柄形饰的雕刻亦比较精美。这类玉器其形似鞭，多数都雕刻有精细的花纹，其中以ⅤK4 出的一件雕刻的花纹最为精美。此件玉器为青玉，外形似四棱鞭。器身雕刻分六节，每节都雕刻有相同的兽面纹和花瓣纹，组配匀称。第一节刻8个长方形花瓣，第二节每面有单线和双线雕刻的兽面，第三节中部刻2个花瓣纹，第四节亦刻兽面纹，第五节亦刻花瓣纹，第六节用浅刻的浮雕手法雕成一完整的兽头，形象生动。这件玉雕代表了当时玉器雕刻的最高水平。

（六）二里头文化和二里头遗址性质的讨论

二里头文化和二里头遗址发现后，即引起学术界的关注。这主要是因为二里头文化和二里头遗址的年代介于河南龙山文化和商代二里冈期文化之间，是探索夏文化的重要对象。

二里头文化和二里头遗址发现后，考古界便对二里头文化和二里头遗址的性质进行了探讨。经过长期探讨，现在学术界普遍认为二里头文化是夏文化，二里头遗址是夏都。取得这样的认识，有一个长期讨论和认识上的深化过程。

1. 二里头文化性质的讨论

二里头文化性质的讨论，大致可以分两个阶段。50年代后期至60年代前期是第一阶段，这一阶段的讨论比较肤浅。70年代末至90年代为第二阶段，这一阶段的讨论逐步深入，是二里头文化性质逐步取得多数人共识的阶段。

第一阶段的讨论是从郑州洛达庙遗址和洛阳东干沟遗址发掘后开始的。1956年，在郑州洛达庙遗址发现了有别于郑州二里冈期文化的遗存，并称之为洛达庙期文化，其后在洛阳东干沟遗址又发现这类遗存。在洛达庙期文化发现后，学术界就提出了夏文化探索的问题，有的学者即把洛达庙期文化视为探索夏文化的对象。

有人认为，在郑州发现的"南关外期"或"洛达庙期"文化，更接近龙山文化，而有其特点，"这两期都早于二里冈下层期，最可能是夏代的"文化[23]。

有人则认为，夏部族可能是发展中的龙山文化的部族之一。从龙山文化到殷代文化，各个阶段和各个地区都有其特点。郑州洛达庙和洛阳东干沟等地发现的介于龙山和殷代之间的文化遗存是值得注意的[24]。

也有人把河南龙山文化和洛达庙类型文化都视为探索夏文化的对象。他们认为河南龙山文化的社会是父系氏族社会，已出现了贫富分化现象，与有关夏代社会的传说颇为接近。至于洛达庙类型文化遗存，经调查证明，它在地层上是介于商代早期文化和河南龙山文化之间，在年代上可能与夏代晚期相当。因此，上述两种文化在探索夏文化中是值得注意的。但同时又认为，"洛达庙类型文化遗存是属于夏文化，或属于商代先公先王时代的商文化，在考古工作者之间也还没有取得一致的认识。有的认为洛达庙类型文化本身还可以进一步作出分期，它的上层比较接近商代早期文化，因而可能是商代早期以前的商文化，它的下层比较接近河南龙山文化，有可能是夏文化。有的则认为这种文化遗存的绝对年代还不易确定，而且有较多的商文化特点，因而洛达庙类型文化的下层仍然是商文化，而更早的河南龙山文化才是夏文化。"[25]

当夏文化探索的问题提出来后，中国科学院考古研究所开始组织"夏墟"的调查。以徐旭生为首的调查组，于1959年夏赴豫西地区寻找"夏墟"遗址，在登封、禹县、巩县、洛阳和偃师等地调查了不少遗址。最终，偃师县的二里头遗址引起了重视。但是，当时徐旭生并未把二里头的文化遗存、二里头遗址与夏文化、夏都联系起来考虑，而是认为二里头所采集到的遗物与郑州洛达庙和洛阳东干沟出土的遗物相似，从而推定其时代大约相当于商代早期，并认为二里头遗址可能是汤都西亳。

60年代初，有的学者又把二里头文化加以区分，认为洛达庙类型文化、肬児王二层、灰嘴一层和东干沟与陕县七里铺的文化遗存相同，应属于早商文化；而压在晚期之下的二里头中期和早期遗存，大概就是我国第一个王朝夏代的文化遗存[26]。

总之，从50年代后期至60年代前期的讨论来看，大家对以郑州洛达庙和偃师二里头为代表的遗存的文化面貌都有共同的认识，一致认为是属于同一类型的文化，即后来命名的二里头文化。但对这类文化的性质，则有不同的看法，或认为它是夏代的文化，或认为是夏文化，或认为是先商文化，或认为是早商文化。这些看法中，认为二里头文化是早商文化、二里头遗址可能是汤都西亳的是主流，学术界普遍持这种观点。

第二阶段的讨论，主要是探索夏文化的讨论，同时也涉及到二里头文化性质的讨论，是从70年代末开始的。

当时，河南省文物工作队为寻找夏都遗址，在登封县告城镇王城岗遗址进行发掘，发现了一座龙山文化时期的"小城堡"，引起有关部门的重视，因此于1977年11月，在登封县举办了发掘现场会，专门研讨夏文化探索的问题。

会上介绍了王城岗遗址、偃师二里头遗址和山西夏县东下冯遗址的发掘情况，参观了王城岗遗址的发掘现场，并对夏文化问题展开了讨论。通过讨论，大家对夏文化提出了四条见解：一是认为河南龙山文化的晚期和二里头文化的四期都是夏文化遗存；二是认为河南龙山文化晚期与二里头文化一、二期遗存为夏文化遗存；三是认为二里头一、二期遗存是夏文化，三、四期是商文化；四是认为二里头一至四期是夏文化，河南龙山文化则不是。讨论会结束时，夏鼐先生在总结中还对夏文化提出了一条定义，即"夏文化应该是指夏王朝时期夏民族的文化"[27]。

登封会议上对二里头文化的性质主要有两种不同的观点：一种是认为二里头一至四期是夏文化，也就是说二里头文化的性质是夏文化；另一种是认为二里头一、二期是夏文化，三、四期是商文化，也就是说，二里头文化是分属于两种不同性质的文化，前期是夏文化，后期是商文化。

提出二里头文化一至四期是夏文化的学者认为，二里头文化是介于河南龙山文化与早商文化之间的一种青铜时代文化，分布范围广。二里头文化大体可分早晚两期，早期又可分为第一、二段，晚期又可分为第三、四段，两期四段在年代上是互相衔接的。在文化面貌上，它既不同于先商文化、早商文化，也不同于河南龙山文化，而有其自成一系的独特风格，因此从第一段至第四段全属一种文化。从年代、地理、文化特征、文化来源以及社会发展阶段五个方面进行考察，二里头文化就是夏王朝所属的考古学文化，即夏文化[28]。

主张二里头一、二期文化是夏文化，三、四期文化是商文化的学者，则认为二里头文化不仅给人以持续发展的概念，而且在文化面貌上还给人以经历着某种变革的印象，这主要表现在第三期遗存中。在二里头文化第三期遗存中，不仅包含了一、二期常见的一组陶器，还出现了鬲、斝、卷沿圜底盆、大口尊等一组新的陶器。后一组陶器是二里冈期商代文化中富有特征的陶器，它的出现，表明第三期遗存中包含了两种文化因素，既有原来就在这里发展着的以一、二期为代表的文化遗存，又有这一时期新出现的一组文化因素。这组文化因素后来突出地表现于二里冈期商代文化中，可能就是商文化。随着时间的推移，这后一种文化因素还表现出代替和融合前者的趋势。基于这一分析，因此认为二里头文化是在传说夏人活动地域内发展起来的一种古代文化，经历了一个长时间的发展。这一文化的发展，因另一种文化（商文化）的出现受到抑制，并被融合[29]。持这种观点的学者还认为，从二里头文化早期和晚期的陶器来看，两期之间虽有少数陶器的形制与纹饰有些类似，但绝大部分陶器的形制与纹饰都有明显区别。这两期陶器之间的区别这么大，决不是偶然的。它反映出从二里头早期到二里头晚期之间在制陶工艺上发生了很大变化。这种变化，可能与商灭夏的社会变动有着一定的联系。因此认为河南西部一带的二里头晚期是属于商代的文化范畴，而二里头早期有可能是属于夏代的文化范畴。至于说二里头晚期包含有二里头早期的一些因素，是可理解的。因为河南西部一带原是夏王朝统治中心，商灭夏后，商王朝统治中心仍包括河南西部一带，这就不可避免地在商代早期的文化遗存中，除了继承先商文化加以发展外，也必然吸收了当地夏代晚期的一些文化因素，从而形成了商代早期的文化特征[30]。

对于把二里头文化分为夏、商两种文化的观点，有些学者提出了不同意见。

有人认为，在二里头二、三期之间有许多共同的特征，两者之间的继承关系还是处于主导地位。二、三期之间确实出现了一些重要变化，但是这些变化基本上还是处于渐变状态，是一种量变性质，即使三期某些器形及其作风变化突出一些，但也只能说是局部的质变，这种质变也是一、二期发展的必然结果，是三期文化在继承一、二期文化的基础上受内在条件的影响而产生的新因素，它体现着二里头文化发展的阶段性，而不是"突然出现"的"外来因素"。因此，二里头文化是属于一脉相承的同一类型文化，应该全部属于夏文化[31]。

有人则认为，二里头文化是一个整体，文化上的分期只是发展阶段有所不同的表现。从文化面貌上分析，二里头遗址早、晚期文化是一脉相承的，二里头文化的一组典型陶器，早晚各期都存在，只是数量和形制上有所不同，发展、演变的线索是比较明显的。至于二里头文化晚期包含有商文化因素的问题，有可能是二里头文化受先商文化的影响，因而吸收了商文化的因素。古代夏、商两大部族，决不是截然分居的，也不可能是互不来往的。据王国维的考证，夏人和商人"错处河济间，盖数百岁"。因此，夏商文化之间存在着交流和影响是不能忽视的。确定二里头晚期文化的性质，应看它的主流和主要方面。主要方面还是早期文化的继承和发展，商文化因素是次要的，它并不能影响和改变二里头文化本身的基本特点和固有的文化性质[32]。基于这一分析，二里头文化一至四期应属于同一性质的文化，即夏文化。

亦有人认为二里头遗址的一、二、三、四期均属夏文化，惟第四期当在夏朝灭亡之后，绝对年代应是商初，就是说第四期为夏文化在商初的遗留，犹如河南龙山文化遗留到夏初一样。至于三期和一、二期之间发生的变革，那是因为夏朝本身都邑变迁的关系，并非商汤灭夏后建都西亳所致。如果认为

三、四期是汤居西亳的遗迹，有许多问题是不好解释的[33]。

二里头文化的性质，经过多年来的讨论，基本上已取得共识。目前学术界普遍认为二里头文化一至四期是夏文化，其中有的学者认为二里头第四期文化虽属夏文化，但其年代应在商初。不过，亦有学者仍认为二里头早期是夏文化，晚期是早商文化，但这种观点已不是主流。此外，还有人认为河南龙山文化晚期是夏文化，也有人认为豫西地区的河南龙山文化晚期是先夏文化。

2. 二里头遗址性质的讨论

二里头文化的性质与二里头遗址的性质是密切相关的。对二里头文化性质的认识不同，自然也会对二里头遗址的性质有不同的认识。不过，人们最初对二里头文化性质的判断，最根本的一点是取决于对二里头遗址性质的推定。

对二里头遗址的性质，最初推定其可能是汤都西亳。徐旭生先生在"夏墟"调查时，在偃师发现二里头遗址后，就根据该遗址面积之大、遗址内暴露出文化遗存之丰富，判断其为一大都会，并认为它可能是汤都西亳。

1960 年秋至 1964 年秋，在对二里头遗址的钻探发掘过程中，发现了大型的宫殿建筑基址和丰富的文化遗存，获得了一些青铜器和玉器等遗物，这就证明二里头遗址确实具有都邑遗址的条件和性质。当时即根据《尚书·商书序》"汤始居亳，从先王居"和郑康成注"亳今河南偃师"以及《括地志》"亳邑故城在洛州偃师县西七十里，本帝喾之墟，商汤之都"等记载，认为二里头遗址的地理位置与文献所载的亳都地望相符，因此断定二里头遗址可能是商汤都城西亳[34]。这种推定，当时并没有人提出异议，而且得到不少学者的赞同。

　　到 70 年代末期，有的学者在探索夏文化中，论定二里头文化的性质属夏文化，认为二里头遗址当是夏都。其理由主要是，二里头文化晚期有大型宫殿建筑群，二里头遗址又位居"天下之中"，规模也很大，其作为夏王朝的一个王都是完全相称的。尤其是宗庙基址的发现，对于夏朝王都的确定也提供了直接的证据。不过在夏都的考证中，则认为二里头遗址和巩县稍柴遗址作为夏桀的王都也都是有可能的[35]。

　　也有人根据文献上有关夏都的记载，结合二里头遗址的地理位置和文化性质的分析，断定二里头遗址是夏都斟𬩽。其根据主要是古本《竹书纪年》所云："太康居斟𬩽，羿亦居之，桀又居之"。关于斟𬩽的地望，《史记·夏本纪·正义》引臣瓒曰："斟𬩽在河南"。《括地志》说得更具体："𬩽城在洛州巩县西南五十八里"。参考《国语上》云"昔伊洛竭而夏亡，河竭而商亡"等文献记载夏都斟𬩽应在伊洛平原。而巩县稍柴遗址作为夏都斟𬩽的可能性不大，因为该遗址经过发掘，并未发现任何都邑的迹象。二里头遗址的地理位置正处于伊洛平原，与有夏之居地望相符，其文化性质亦属夏文化，又有都邑遗址的条件和性质，因此认为二里头遗址可能是夏都斟𬩽[36]。

　　有人通过对夏都的考证，亦认定二里头遗址是夏都斟𬩽。据古代文献记载夏都有五处，惟斟𬩽可以确定为二里头遗址，其余四都尚在探寻之中。文献明确记载以斟𬩽为都者，仅太康、羿、桀三代，可是二里头遗址是连续发展的，其二、三段的文化内涵，表明当时确是都城[37]。

　　现在，学术界普遍认为二里头遗址是夏都斟𬩽故址。

注　释

［1］韩维周等：《河南登封县玉村古文化遗址概况》，《文物参考资料》1954 年第 6 期。

［2］河南省文化局文物工作队第一队：《郑州洛达庙商代遗址试掘简报》，《文物参考资料》1957 年第 10 期。

［3］中国科学院考古研究所洛阳发掘队：《1958 年东干沟遗址发掘简报》，《考古》1959 年第 10 期。

［4］中国社会科学院考古研究所：《偃师二里头》，中国大百科全书出版社 1999 年版。

［5］郑光：《二里头遗址的发掘——中国考古学上的一个里程碑》，《夏文化研究论集》第 67 页，中华书局 1996 年版。

［6］殷玮璋：《二里头文化探讨》，《考古》1978 年第 1 期。

［7］中国科学院考古研究所二里头工作队：《河南偃师二里头早商宫殿遗址发掘简报》，《考古》1974 年第 4 期。

［8］中国社会科学院考古研究所二里头工作队：《河南偃师二里头二号宫殿遗址》，《考古》1983 年第 3 期。

［9］同［4］。

［10］中国社会科学院考古研究所二里头工作队：《1980 年秋河南偃师二里头遗址发掘简报》，《考古》1983 年第 3 期。

［11］中国社会科学院考古研究所二里头工作队：《1987 年偃师二里头遗址墓葬发掘简报》，《考古》1992 年第 4 期。

［12］中国科学院考古研究所二里头工作队：《偃师二里头遗址新发现的铜器、玉器》，《考古》1976 年第 4 期。

［13］偃师县文化馆：《二里头出土的铜器和玉器》，《考古》1978 年第 4 期。

［14］中国社会科学院考古研究所二里头工作队：《偃师二里头遗址新发现的铜器》，《考古》1991 年第 12 期。

［15］中国科学院考古研究所洛阳发掘队：《河南偃师二里头遗址发掘简报》，《考古》1965 年第 5 期。

［16］同［11］。

［17］同［15］。

［18］中国科学院考古研究所二里头工作队：《河南偃师二里头遗址三、八区发掘简报》，《考古》1975 年第 5 期。

［19］同［12］。

[20] 中国社会科学院考古研究所二里头工作队：《1981 年河南偃师二里头墓葬发掘简报》，《考古》1984 年第 1 期。

[21] 同 [11]。

[22] 同 [5]。

[23] 李学勤：《近年考古发现与中国早期奴隶社会》，《新建设》1958 年第 8 期。

[24] 石兴邦：《黄河流域原始社会考古研究上的若干问题》，《考古》1959 年第 10 期。

[25] 中国科学院考古研究所：《新中国的考古收获》，文物出版社 1962 年版。

[26] 许顺湛：《夏代文化探索》，《史学月刊》1964 年第 7 期。

[27] 夏鼐：《谈谈探讨夏文化的几个问题——在登封告城遗址发掘现场会闭幕式上的讲话》，《河南文博通讯》1978 年第 1 期。

[28] 邹衡：《关于探索夏文化的途径》，《河南文博通讯》1978 年第 1 期。

[29] 同 [6]。

[30] 安金槐：《豫西夏代文化初探》，《中国历史博物馆馆刊》1979 年第 1 期。

[31] 郑杰祥：《二里头文化商榷》，《河南文博通讯》1978 年第 4 期。

[32] 陈旭：《关于夏文化问题的一点认识》，《郑州大学学报》（人文社会科学版）1980 年第 3 期。

[33] 田昌五：《夏文化探索》，《文物》1981 年第 5 期。

[34] 同 [15]。

[35] 邹衡：《夏商周考古学论文集》第 170、229 页，文物出版社 1980 年版。

[36] 陈旭：《二里头遗址是商都还是夏都》，《夏史论丛》，齐鲁书社 1985 年版。

[37] 张立东：《夏都与夏文化》，《夏文化研究论集》，中华书局 1996 年版。

三

郑州商文化和商城及小双桥遗址研究

郑州商文化是 50 年代初发现的，因首先发现于二里冈遗址，故被命名为二里冈期文化。这一文化发现后，在郑州地区又发现了相当多的商代遗址，主要属早商遗址，亦有一些晚商遗址。在早商遗址中，最重要的是 50 年代中期发现的郑州商城和 90 年代初期在郑州市西北郊发现的小双桥商代遗址。在郑州商代遗址中以二里冈期商代文化最为丰富，晚商文化遗存发现少。这说明郑州地区是早商文化分布的重点地区。

（一）郑州商文化的特征、年代与分期

郑州地区发现的商代文化，有早商文化和晚商文化。早商文化以二里冈遗址内含的文化遗存为代表，被命名为二里冈期商文化；晚商文化则以人民公园遗址上层遗存为代表，在文化分期上称人民公园期。早商文化的年代早于安阳小屯殷墟文化，发现的文化遗存相当丰富，是郑州商代遗址的主要内涵。晚商文化的年代则与安阳殷墟文化相当，发现的文化遗存还不丰富。

1. 郑州商文化的发现及其面貌特征

郑州商文化首先发现于二里冈遗址。该遗址是 1950 年发现的，由于在该遗址内采集到的遗物与安阳殷墟出土的遗物特征相似，因而引起有关部门的重视，其后即进行发掘。

二里冈遗址位于郑州市东南郊。该遗址是一片土岗地，高出附近地面约 5～10 米，东西长约 1500 米，南北宽约 600 米。这一遗址发现后，1952 年秋，由文化部文物局、中国科学院考古研究所和北京大学联合举办的第一届全国考古人员培训班，开始在这里进行考古发掘实习。1953 年元月，又配合基本建设工程，进行了较大规模的发掘，发现了比较丰富的遗存。

二里冈遗址的文化内涵，包括龙山文化和商代文化。文化堆积分三层，下层属龙山文化遗存，中、上层属商代文化遗存。在商代文化层中发现的遗存比较丰富，在 1953 年的发掘中，就发现商代灰坑、窖穴 24 个，墓葬 3 座，出土的遗物有陶器、石器、骨器、蚌器和一些青铜器及卜骨，还采集到 2 块刻字卜骨[1]，从而对二里冈遗址的内涵和文化面貌有了比较清楚的了解和认识。

继二里冈遗址发掘后，1954 年又对人民公园遗址进行发掘。该遗址发现的文化遗存均属商代，文化堆积分上、中、下三层。上层出土的陶器有厚胎折沿鬲、敞口簋、厚胎罐、圈足瓶等，与安阳殷墟陶器接近；中、下层出土的陶器，则与二里冈遗址上、下层出土的陶器相同[2]。这一地层的发现，为确定二里冈期文化与殷墟文化早、晚的相对年代关系，提供了地层依据。

1954 年秋至 1955 年春，在白家庄遗址又发现新的遗存。该遗址的商文化堆积分上、下两层，下层出土的陶器，与二里冈的陶器相同，上层出土的陶器，有部分与二里冈上层陶器相同，有部分陶器的器形较大，胎壁较厚，绳纹较粗，为郑州地区其他商代遗址少见。因此断定白家庄上层的商文化遗存年代应比二里冈上层稍晚[3]。这一层位关系的发现，为郑州商文化的分期提供了新的地层依据。

1955 年在南关外遗址亦发现新的商文化层。该遗址的商文化堆积分上、中、下三层。其中下层出土的陶器，与二里冈下层陶器不同；中层出土的陶器，有部分与南关外下层相同；亦有部分与二里冈下层陶器相同；上层出土的陶器，则与二里冈上层遗物相同[4]。因此，南关外下层又成为新发现的年代早于二里冈下层的遗存，称南关外期。

此外，1956 年在郑州西郊洛达庙遗址发现该遗址出土的陶器与二里冈陶器有别[5]。同年秋，在距洛达庙遗址 3 公里的董砦遗址则发现了二里冈下层文化层直接叠压着洛达庙遗址之类的文化层的情况，这一地层关系证明洛达庙遗址的遗存年代早于二里冈文化，因此将洛达庙遗址的文化遗存称洛达庙期或洛达庙类型。

从 50 年代初期至 50 年代中期，在郑州商代遗址的发掘中发现的商文化遗存，按年代早晚的顺序包括南关外下层、二里冈下层、二里冈上层、白家庄上层和人民公园上层等不同时期的文化堆积层次，这为郑州商文化的分期提供了地层依据。此外还发现年代与南关外下层相当的洛达庙期遗存，这类文化遗存最初亦定为商文化，后来被归属于二里头文化范畴。在这些不同时期的文化遗存中，最丰富的是二里冈下层和二里冈上层遗存，在各个遗址中都有二里冈下层和上层遗存的发现。因此，以二里冈遗址为代表的商文化，是郑州地区分布的商文化的主体。

以郑州二里冈遗址为代表的商文化，面貌特征与安阳殷墟文化相似，又有一定的区别，主要表现在陶器上。

二里冈遗址出土的商代陶器，以泥质和夹砂灰陶为主，亦有一些红陶和黑陶，并有少量的硬陶和釉陶。器物种类有鬲、鼎、甑、甗、罐、斝、爵、觚、簋、豆、盆、壶、大口尊、瓮、钵、尊、缸等，各类器物都有不同的形式。器表多饰有纹饰，有绳纹、弦纹、方格纹、人字纹、涡旋纹、曲折纹、云雷纹、乳钉纹、饕餮纹、圆圈纹、条纹等，以绳纹为主。硬陶和釉陶的器形，主要有尊、瓮两类器物，胎质细腻坚硬，高岭土胎，火候高，器表印有方格纹、雷纹、条纹等，陶色有紫褐和黄红两种。上述陶器，除硬陶和釉陶外，无论陶色、纹饰和某些器形，都与殷墟陶器相似，如鬲、簋、圆腹罐等的器形和以灰陶为主、饰粗绳纹的作风就与殷墟陶器相似，但又有区别。二里冈遗址的陶器特征与殷墟陶器相似，又不完全相同，因此被作为一种独立的考古学文化，命名为商代"二里冈期文化"。至于南关外下层和白家庄上层出土的陶器与二里冈陶器的主要差别是：南关外下层中以褐陶居多，胎较厚，多饰细绳纹，器类较少；白家庄上层陶器，则器体较大，胎亦较厚，绳纹较粗，在器形上亦有一些变化。

2. 郑州商文化的分期

郑州商文化的分期，是随着考古发掘资料的不断丰富和研究的不断深入而逐步取得比较一致的认识的。

在郑州商代遗址的发掘中，各遗址的商文化堆积都被划分出不同的层次。二里冈遗址的商文化堆积被划分为上、下两层。人民公园遗址的商文化堆积则被划分为上、中、下三层。白家庄遗址的文化层亦被划分为上、下两层。南关外遗址则划分出上、中、下三层。此外，在各遗址的发掘中，还发现有灰坑、墓葬等遗迹，并有打破关系。这些地层关系为郑州商文化的分期提供了依据。

郑州商文化的分期工作是从 50 年代中期开始的。当时，邹衡先生根据二里冈和人民公园两遗址发掘的地层和出土陶器的不同，将郑州发现的商文化划分为早、中、晚三期，并确定出各期的灰坑和墓葬等代表单位，其中早、中期的代表单位主要是二里冈遗址下层和上层的灰坑和墓葬，晚期的单位主要是人民公园遗址上层的灰坑和墓葬。同时亦将安阳小屯殷商文化划分为早、中、晚三期，并将郑州和安阳两地的殷商文化串联起来，排列出两地殷商文化年代序列。这一序列为：

郑州早期 $\longrightarrow$ 郑州中期 $\longrightarrow$ 小屯早期 $\longrightarrow$ $\begin{cases} 郑州晚期 \\ 小屯中期 \end{cases}$ $\longrightarrow$ 小屯晚期[6]。

这一序列，确定了郑州早、中期殷商文化早于安阳小屯殷商文化，郑州晚期殷商文化晚于安阳小屯殷商早期，而与小屯殷商中期年代相当。这样，就使郑州和安阳两地殷商文化的早、晚关系获得比较明确的认识，即郑州二里冈文化早于整个殷墟文化。

其后，河南省文物工作队亦对郑州发现的殷商文化进行了综合分期。依据二里冈、南关外、白家庄、铭功路西侧、紫荆山北和人民公园 6 处遗址的发掘材料，将郑州发现的殷商文化划分为两大期，即二里冈期和人民公园期。其中又将二里冈期分为下层和上层两期。属二里冈期的遗址包括二里冈、南关外、白家庄、铭功路西侧和紫荆山北 5 处，属人民公园期的遗址则为人民公园上层。各期的灰坑单位亦作了确定，其中二里冈下层期的灰坑列出 8 个，二里冈上层期的灰坑列出 10 个，人民公园期灰坑列出 4 个[7]。

上述两种分期，认识基本一致，只是在说法上有所不同。

1959 年出版的《郑州二里冈》发掘报告，明确把二里冈遗址的商文化遗存分为二里冈下层和二里冈上层早晚两期，从而树立了二里冈期陶器分期的标尺。

60 年代初，安金槐先生又把郑州商代遗址划分为早、中、晚三期，并对各期的相对年代作了推定：早期遗址以郑州洛达庙遗址为代表，中期遗址以二里冈遗址为代表，晚期遗址以人民公园遗址为代表。同时亦将商代历史按成汤居亳到盘庚迁殷的五次迁都分为早、中、晚三期：成汤居亳应属商代早期，仲丁迁隞、河亶甲迁相和祖乙迁耿都属商代中期，盘庚迁殷属商代晚期[8]。从而把郑州商代遗址的早、中、晚三期，与商代历史的早、中、晚三期相对应。这种对应，也就是把以洛达庙遗址为代表的遗存定为早商文化，以二里冈遗址为代表的商文化定为中商文化，以人民公园遗址为代表的商文化定为晚商文化。

不过，在 60 年代至 70 年代对郑州商文化的分期中，除提出上述两种分期意见外，还有一种未成文的说法，即依据二里冈、白家庄和南关外遗址发掘的地层，把年代早于人民公园上层的商文化遗存，按年代早晚顺序，分别称南关外期（或称二里冈下层偏早）、二里冈下层期、二里冈上层期、白家庄期（或称二里冈上层偏晚）。按这种说法，50 年代后期在郑州发现的商文化，除人民公园上层外，就有四期之分。

到了 80 年代，邹衡先生又把郑州和安阳等地发现的殷商文化重新作了系统的分期，提出了新的分期意见。根据郑州、新乡、安阳、邯郸、磁县、邢台、藁城等地发现的殷商文化分期研究成果，把整个殷商文化划分为三期七段十四组。三期即先商期、早商期、晚商期，其中先商期占一段两组，早商期占三段六组，晚商期占三段六组。先商期的绝对年代确定属成汤灭夏以前，早商期的绝对年代为自成汤灭夏前后至武丁以前，晚商期的绝对年代相当于武丁至武庚。按这一系统分期，涉及郑州商文化的，主要有先商期和早商期，其中先商期有第一段第Ⅱ组，早商期有第二、三、四段的第Ⅲ组至第Ⅶ组，不包括人民公园上层，共四段六组。各段、组均确定了地层和代表单位。

先商期第一段第Ⅱ组的地层和代表单位为南关外遗址的中、下层以及原定为二里冈下层的几个灰坑，即 C1H9、C1H10、C1H12、C1H14、C9H118 等。

早商期第二段有第Ⅲ和第Ⅳ两组。第Ⅲ组的地层和代表单位为南关外遗址 T85、T87 上层和原定为二里冈下层的灰坑 C1H17、C1H3、C1H7、C1H2 甲、C1H15 以及墓葬 CWM8 等；第Ⅳ组的代表单位，有郑州二里冈上层的灰坑 C1H2 乙。

早商期第三段有第Ⅴ、第Ⅵ两组。第Ⅴ组的代表单位有二里冈上层灰坑 C1H1、铭功路 M2 等；第Ⅵ组的代表单位有白家庄上层房基 G10、商城北墙陶器墓 CNM5 和铜器墓 M2。

早商期第四段第Ⅶ组的代表单位有白家庄铜器墓和铭功路 M4 等。

这一分期突破了以前的分期认识。突出的是将南关外遗址原来所划分的中、下两层合并为一层，并将原定为二里冈下层的灰坑依其年代的早晚区分为两组，年代早的一组归入先商期的第Ⅱ组，年代晚的一组归入早商期的第二段第Ⅲ组。又将原定为二里冈上层期的灰坑亦按年代的早晚区分为两组，年代早的一组列为早商期的第二段第Ⅳ组，年代晚的定为早商期第三段第Ⅴ组。还把白家庄上层期的单位划分为两组，将白家庄上层房基列为第Ⅵ组，把白家庄的铜器墓和铭功路 M4 列为第四段第Ⅶ组。这一分期，将原定的二里冈期文化中部分年代较早的遗存归入先商期，而将其他绝大部分早于人民公园上层期的遗存都定为早商文化。

这一分期系统，最重要的是先商期和早商期的划分。先商期和早商期的划分可以说就确定了夏商年代的分界。先商期的年代是在成汤灭夏之前，属于夏年；而早商期的年代在成汤灭夏前后，属于商年。因此，在先商期与早商期之间，也就是夏商年代的分界。对于早商期的确定，最根本的一点就是郑州商城为汤都亳的论定。在论定了郑州商城乃汤都亳的基础上，就确定了早商期的年代，即把原二里冈下层中一批最早的单位如 C1H9 等归入南关外期，并定其绝对年代为夏代即先商期，把原二里冈下层中偏晚的单位如 C1H17 等单位定为早商期的开始[9]。

这一分期意见提出之后，有些学者对郑州商文化分期亦提出了新的意见。

有人把原二里冈期商代文化分为四段。主要以二里冈遗址的上下两层的分期为基础，结合南关外遗址的层位关系等，对原二里冈上下两层典型单位出土的陶器进行了比较。将原二里冈下层分为两段，原二里冈上层和白家庄上层各为一段，各段均列出代表单位。这四段分期，并不包括南关外下层遗存[10]。

安金槐先生亦对二里冈期商代文化提出了分期意见。他主要依据陶器的变化，将原定为二里冈下层的遗存，再区分为二里冈下层一期和二里冈下层二期；将原定为二里冈上层的遗存，亦再区分为二里冈上层一期和二里冈上层二期。其中二里冈下层一期和二期基本上都是原定为二里冈下层的遗存，二里冈上层一期则为原定为二里冈上层的遗存，二里冈上层二期则以白家庄期遗存为代表[11]。

上述分期意见，以四段之分和四期之分比较接近，都是以原二里冈下层和上层两期为基础，不包括南关外下层，而是将二里冈下层再区分为早晚两段或两期，将原二里冈上层定为二里冈上层第一段或第一期，而将白家庄上层列为二里冈上层第二段或第二期。四段六组之分与四段和四期之分的不同点是不仅把原二里冈下层分为两组，而且把原二里冈上层也分为两组，又新增加了南关外期一组和白家庄、铭功路一组。对上述分期，目前人们多采用四段六组之分以及二里冈下层一期和二期、二里冈上层一期和二期之分这两种分期，同时亦有人沿用南关外期、二里冈下层期、二里冈上层期和白家庄期四期之分（图六）。

对二里冈期文化的年代，主要有两种不同的意见：一种意见是把二里冈期文化定为中商，另一种意见则定为早商。此外，也有人认为二里冈下层和上层的年代属早商，白家庄上层（即白家庄期）的年代属中商早期。

（二）郑州商城的建筑规模和年代

1955 年，在白家庄遗址的发掘中，发现二里冈期商文化层下叠压着坚硬的夯土层。为了弄清夯土层的性质，从 1956 年开始，便沿夯土层的延伸和走向，进行钻探。经过多年的钻探，始知夯土层是东西南北四面相连的城垣，这座湮没了三千多年的商代城址，由此而被发现（图七）。

器物\n分期	鬲	甗	罐	斝	簋	豆	大口尊
人民公园期							
白家庄期							
二里冈（上）期	C1H13:117	C1H1:39	C1H13甲:2	C1H2乙:35	C1H1:18	1T3:33	C1H2乙:199
二里冈（中）期	C1H2乙:220		C1H7:3	C5T95:117	C1T21:1	C1H2甲	C1T46:3
二里冈（下）期	C1H17:118	C1H118:24	H14:80	C1H17:38	H12:111	C1H17:113	H17:55
南关外期	C5T87:58	C5T95:108		C5H62:21	C5H62:20	C5T95:99	C5H62:12

图六 郑州商文化陶器分期图

据钻探查明，郑州商城的平面近长方形。城垣周长约6960米，其中东城墙长约1700米，南城墙长约1700米，西城墙长约1870米，北城墙长约1690米。在四周城墙上，发现大小不等的缺口11处，据估计，这些缺口有的可能与城门有关，有的缺口则有可能是城址废弃后，后人在城墙上取土所造成的[12]。

这座城垣的墙体，大部分已被毁坏，只有部分墙体仍保留于地面。被毁坏墙体的墙基埋于现今地面以下约1~2米，保

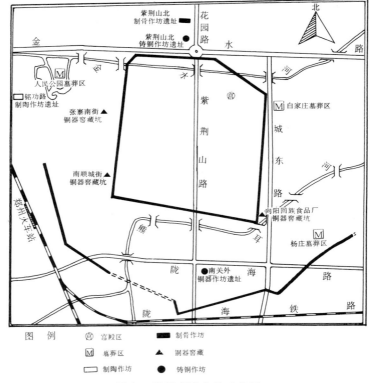

图例　㊂ 宫殿区　■■■ 制骨作坊

　　　　Ⓜ 墓葬区　▲ 铜器窖藏

　　　　▢ 制陶作坊　● 铸铜作坊

图七　郑州商城布局示意图

留于地面的墙体，现存最高的约 9 米，最低的约 1 米。墙底宽
20 米，顶宽约 5 米。建筑规模宏伟。

　　为了弄清城墙的建筑时代和建筑结构，从 1956 年开始即
对城垣进行发掘。至 1974 年底，在四周城墙上共开挖了 22 条
探沟，其中北墙 8 条，西墙 4 条，东墙 6 条，南墙 4 条。每条
探沟长宽不等，一般长 10～20 米，宽 2～3 米，少数探沟长
5～10 米。只有少数探沟挖到了夯土墙基。

据城墙发掘的地层断定，郑州商城城墙的建筑时代属商代二里冈期。四面城墙发掘的地层情况，一般是在耕土和扰土层下叠压战国灰土和夯土层，其下压商代二里冈上层和下层文化层，二里冈下层文化层下压城墙夯土层。夯土层下面是生土层或压有洛达庙期灰土层。这一地层关系，说明城墙的建筑时代属商代二里冈期。

城墙的建筑结构，横剖面呈梯形。墙体有"主城墙"和"护城坡"之分。"主城墙"的夯层呈水平分布，"护城坡"的夯层则向两侧倾斜夯筑。城墙采用版筑法建筑，在"主城墙"和"护城坡"接缝的壁面上留有清晰的木板痕迹，其中以东城墙的木板痕最为清晰。在东城墙下部的墙体上，内外两侧均保留有垂直的版筑壁面，高约 3.5 米，板宽 0.15～0.3 米，长约 2.5～3.3 米。南城墙保留的版筑痕迹高 1.5 米，每块木板痕迹长约 3 米，宽约 0.16～0.19 米。在"主城墙"建筑之前挖有基槽。

城墙的夯层非常清晰，厚薄不等。最厚的夯层有 20 厘米，最薄的为 3 厘米，一般为 8～10 厘米。夯层表面有密集的夯窝，多圆形尖底或圜底，直径多为 2～4 厘米，深 1～2 厘米。夯筑得非常坚实。

郑州商城城墙建筑规模之宏伟、工程之巨大，是目前所发现的商代城址中无与伦比的。仅此就可以想见郑州商城在商代历史上的重要地位。

据近年发掘的资料，在郑州商城南城墙和西城墙外又发现夯土墙基三段。其中南城墙外约 600～1100 米处两段，即东段和西段，西城墙外一段即南段。南城墙外东段墙基发现长度约有 2100 米，西段墙基发现的长度断断续续约 435 米。西城墙外南段墙基断断续续的长度约 980 米。这三段墙基的夯土结构与郑州商城垣墙基本相同。

这三段墙基，据推测可能是郑州商城的外城墙。可能只建筑了南面和西面两面城墙，东、北两面则未建筑城墙，其原因与当时郑州商城的地理位置和地理环境有关。因为城垣是防御设施。郑州商城的地理位置是，南面和西面有起伏的丘陵高地，东面和北面为地势低洼地带或沼泽地。这些低洼地带或沼泽地已构成郑州商城之外的天然防御屏障，故只在南面和西面修筑第二道夯土城墙作为防御设施[13]。

郑州商城的建筑年代，据发掘者判断，"它始建于二里冈下层期"[14]。我们通过对城墙发掘的地层和出土的陶器作具体分析后，认为把郑州商城的始建年代定在二里冈下层期并不合适，应该是在南关外期[15]。

断定郑州商城始建年代的地层资料有六条：

第一条，在三条探沟内发现商代城墙夯土层直接压在洛达庙期文化层和灰坑之上，即城墙夯土墙基直接建在洛达庙期文化层和灰坑上。这一地层关系说明，郑州商城城墙的始建年代最早有可能是在洛达庙期。因为，在建造城墙之时，夯土层压着同时期的灰坑或灰层是合理的。

第二条，在城墙的发掘中，还发现修筑城墙时挖破了南关外期文化层。这是在挖掘商代城墙内侧基槽时，破坏了一部分商代南关外期文化层，文化层以北又连接着两条商代南关外期的壕沟。这一地层关系说明，城墙的建筑年代最早有可能是在南关外期，因为在挖城墙基槽时，挖破了同一时期的南关外期文化层是合理的。这表明城墙有可能是在南关外期开始兴建的。

第三条，在城墙发掘的 22 条探沟中，有 12 条探沟（其中北城墙 7 条、西城墙 2 条、东城墙 2 条、南城墙 1 条）内都发现商代二里冈下层文化层直接覆盖商代城墙，均作斜坡覆盖在商代城墙内侧下部的夯土层上。这一地层关系表明，在商代二里冈下层文化之前，夯土城墙已经建成，在夯土层上就形成了二里冈下层文化堆积层。因此，城墙的始建年代应早于二里冈下层。

第四条，在二条探沟内，发现二里冈下层房基叠压着城墙，房基都是建筑在压着城墙内侧的二里冈下层文化层内。这一地层关系说明，在建筑商代二里冈下层房屋之前，夯土城墙已经建成，而且在夯土城墙上已堆积有二里冈下层文化层，二里冈下层房基就建在压着城墙夯土的二里冈下层文化层内。这种现象表明，在房基与城墙夯土层之间还经历过二里冈下层文化层形成的一段时间，因此城墙的始建年代，亦应早于二里冈下层期。

第五条，在三条探沟内，发现有 9 个二里冈下层期窖穴叠压着城墙，穴口破坏了叠压在城墙内侧的商代二里冈下层文化层。这一地层关系与第四条地层关系相同，亦说明城墙的建筑年代早于二里冈下层期。

第六条，在三条探沟内，发现二里冈下层墓葬叠压着城墙。有 5 座墓的墓口都挖在叠压着商代城墙内侧的二里冈下层文化层内，也就是说，这 5 座墓的墓坑都挖破了叠压在城墙内侧的二里冈下层文化层。其中有 4 座墓的墓圹还直接破坏了一部分城墙内侧近根底处的夯土层。这一地层关系亦说明城墙在二里冈下层期已建成，并被二里冈下层墓所打破。

上述六条地层资料中，有一条说明郑州商城城墙的建筑年代最早可能在洛达庙期，另一条说明它最早可能在南关外期。这两条资料有共性，因为洛达庙期与南关外期的年代相当，都早于二里冈下层期，只是文化类型不同。其余四条地层资料都说明，在二里冈下层期郑州商城城墙已经建成，城墙不仅被二里冈下层文化层所覆盖，而且还被二里冈下层的房基、窖穴、墓葬所叠压或破坏。根据城墙地层上、下限的年代关系断定，郑州商城城墙的建筑年代应在南关外期，而不是二里冈下层期。

夯土层内含的陶片都是碎片，有人断定其中有少量的二里冈下层陶片，亦有洛达庙期陶片。这少量碎陶片的年代断定得是否准确，值得存疑。因为这些碎陶片非常相似，所以要区分出其属二里冈下层或洛达庙期是不容易的。

目前，对郑州商城城墙始建年代的上述两种观点，都有人赞同和支持。

（三）郑州商城的宫殿建筑基址

在郑州商城的东北隅发现有大面积的夯土基址。在夯土基址上还发现有大型的房基，亦有小型房基。其中大型房基被认为是宫殿建筑，因此，郑州商城东北隅被确定为宫殿区。

郑州商城的宫殿建筑基址是 1973 年发现的。从 1973 年夏至 1978 年春的发掘中，在东西长约 750 米、南北宽约 500 米的范围内，发现夯土台基数十处，面积大的有 2000 多平方米，小的有 100 多平方米。在夯土台基上揭露出房基残迹，其中有 3 座大型房基（C8G10、C8G15、C8G16）。这 3 座大型房基均被断定为宫殿建筑基址。

C8G10 位于宫殿区的中部。基址残长约 34 米，残宽 10.2～10.6 米。基址上清理出五层地坪，地坪上残留有石灰质结核铺设的地面，每层地坪的东、西两边和中部都残存有 7 排柱窝，南北向排列，每行多的 13 个，少的 2 个，排列整齐。有的柱窝有打破关系，是因房内地面经多次铺设所致。柱窝圆口圜底，最大的口径 40 厘米，最小的口径 20 厘米。多数柱窝底部垫有料礓石块，周壁涂有料礓石粉末。这座基址据推测可能是宫殿区的殿堂。

C8G15 东西长超过 65 米，南北宽 13.6 米，位于 C8G10 的西部。在夯土基址上清理出两排柱础槽，北排 27 个，南排残留东边的 10 个。柱槽底部一般放有 1 块或 2 块柱础石，有的柱槽内保存有圆木柱痕迹。据推测，这座宫殿基址可能是九屋重檐顶和有回廊的大寝殿（图八）。

C8G16 位于 C8G10 的南部。夯土基址南北长 38.4 米，东西宽 31.2 米。在基址上揭露出柱槽 50 个，呈圆形，分内、中、外 3 排，仅存西面和南面的 3 排，有 20 个柱槽保存有木柱痕和石柱础。据推测，这是"堂"一类的建筑。

在其他面积较小的夯土基址上亦发现有地面和柱窝。在宫殿区内还发现铜簪、玉簪和一些残玉器，其中有 1 件完整的玉铲[16]。这些遗物当是奴隶主贵族的生活用品。

这些夯土基址和宫殿建筑基址的年代，发掘者断定属二里冈期，或二里冈下层，或二里冈上层。

对于这批宫殿建筑基址，我们通过对发掘的地层和出土陶器作具体梳理分析后，确定其建筑年代分三组：

第一组宫殿基址和夯土台基有六个单位，包括 C8G15 大型宫殿基址。这六个单位的共同点是，都被二里冈下层文化层

图八　郑州商城官殿（C8G15）平面图（上）、复原图（下）

所叠压，或被二里冈下层灰坑、墓葬打破，有的还被二里冈下层的夯土基址和房基打破。基址的层位都坐落在洛达庙期文化层或灰坑上，或坐落在生土层上。基址内含的陶片均为洛达庙期遗存。有的基址还有相互打破关系，如这组基址内的 C8G9 被二里冈下层房基 C8G11 和 C8G12 所打破，而 C8G12 房基又被同期的 C8G13 基址所打破。根据这些层位关系判断，这六个单位的基址始建年代应早于二里冈下层期，当在南关外期。

　　第二组基址有八个单位，包括 C8G10 和 C8G16 这两座大型宫殿建筑基址。这组基址地层的共同点是，均被二里冈上层和下层文化层所叠压，一般坐落在二里冈下层文化层上，有的基址或被二里冈下层房基叠压，或破坏二里冈下层遗存。在本组基址中亦有相互打破关系，夯土基址内含的陶片为洛达庙期和二里冈下层期遗存。根据这一地层关系判断，它坐落在二里冈下层文化层上，其建筑年代最早亦超不出二里冈下层期，大体属二里冈下层期的建筑。

第三组基址有两个单位，即 C8G10 和在探方 C8T42 内发现的一座。C8G10 基址是始建于二里冈下层期的一座大型宫殿基址，在二里冈上层期又经过续建或改建。C8T42 内发现的一座基址保留有地坪面，说明夯土基址上有房基。这两座基址的地层都被一条白家庄期的壕沟所破坏，夯土基址内包含有二里冈下层和上层陶片。据此可以推断，其建筑年代应属二里冈上层期。

从以上三组基址的地层分析可以看出，在 1973～1978 年宫殿区发掘的数十座基址中，有南关外期、二里冈下层期、二里冈上层期三个时期的建筑，其中南关外期和二里冈下层期的建筑基址较多，二里冈上层期的建筑基址少，至白家庄期，全部宫殿建筑基址均遭破坏[17]。

1973 年，宫殿区内的发掘中，在一条壕沟内还发现埋有人头骨近百个，其中两处重叠堆置的人头骨就达 80 多个。主要是头盖骨，亦有少数人头骨下部，没有一个完整的头骨，不少头骨上有明显的锯痕。这些人头骨，据推测很可能是商代奴隶主阶级用杀害了的奴隶头骨制作器具的证据[18]。也有人认为其身份可能是战俘。根据是，在殷墟的 191 个祭祀坑中，大多是被砍去头颅的男性青年，少数为接近中年的男性。据鉴定，体型上具有多种系的成分，而体型上这种多种系成分可以解释为与殷人同四邻方国部落征战时掳获的异族战俘有关。郑州商城宫殿区内发现的近百个残破头骨，据鉴定，绝大部分是青年，这些头骨也应该是从其他方国俘虏的异族战俘，他们是被作为祭祀的牺牲而杀害的。甲骨卜辞所记载的商代人祭仪式，绝大多数是以俘虏为牲，杀祭俘虏以表示对战神、祖先保佑的感谢、报答和对阵亡将士的慰藉[19]。因此,郑州商城宫殿区内发现的人头骨与殷墟人祭的性质应该是相同的。

1985 年以后,在宫殿区的发掘中又有新发现,主要是在宫殿区内发现一道二里冈下层期的夯土墙,并发现有大型宫殿建筑基址、水井和一个用石板砌的蓄水池[20]。

在宫殿区内发现的夯土墙,已知长 80 米,宽 7 米。据估计,这段夯土墙可能是宫墙的一部分。在夯土墙的东、西、南三面发现有部分宫殿建筑基址。

在黄委会青年公寓楼、郑州医疗器械厂西院、郑州回民中学和河南中医院东里路家属院等地点,都发现有大型宫殿建筑基址。

在黄委会青年公寓楼基建工地东侧发现 1 座保存较为完好的宫殿建筑基址。南北残长 47 米,东西宽 11 米。基址上揭示出有南北纵列的 3 排柱础坑 34 个,坑底有经过加工的柱础石。

在郑州医疗器械厂西院则发现 3 座宫殿建筑基址。其中 F101 保存较好,东西长 32 米,南北宽 11 米;F102 面积较小,南北边缘各有一排柱础石,结构简单。

在郑州回民中学内亦发现 3 座宫殿建筑基址,皆破坏严重。发现的柱洞为圆形,直径小,排列整齐密集,估计与木骨泥墙有关。

在河南中医院东里路家属院内也发现宫殿建筑基址 3 座。F1 东西残长 30 米,南北宽 13 米,基址上发现柱础坑 20 多个,排列有序,其中南部边缘 11 个,西部 10 个,分 3 排。F2 南北残长 20 米,东西宽 8 米,位于 F1 西侧,有柱础坑 3 排,东西排列,有的柱础坑内有柱础石,共发现柱础石 12 个。F3 位于 F1 南侧,夯土面上未发现柱础坑。

蓄水池位于宫殿区东北部，长 100 米，宽 20 米。池底用料礓石铺垫，并铺有较规整的青灰色石板。池壁亦铺有料礓石，并用石块加固。它被二里冈上层文化层所叠压，因此断定其属商代二里冈期遗存。在蓄水池周围发现夯土建筑基址，可知其与宫殿建筑有密切关系，估计是宫殿区的用水设施[21]。

在郑州商城宫殿区，从 1973 年开始发掘至现在已发现不少大型和小型夯土建筑基址，发现的大型宫殿建筑基址亦有好几座，但宫殿建筑的布局如何尚不清楚。有人根据 1973～1978 年的发掘资料认为，在宫殿区内发现的 3 座大型宫殿建筑均匀地分布在郑州商城的东北部，2 座居北，1 座居南，连接起来构成一个三角形。在这 3 座大型宫殿基址的周围均有不少夯土基址。这种现象似乎显示出，当时宫殿区内有 3 组各以 1 座大型宫殿为主体的建筑群，即以 C8G10、C8G15 和 C8G16 这 3 座大型宫殿为主体，其周围都分布着若干小型基址的建筑群[22]。

宫殿建筑基址是郑州商城的重要文化内涵。在郑州商城内发现大面积宫殿建筑基址，说明这座城址是商代的重要都城，而宫殿基址的始建与废弃年代对研究郑州商城所经历的历史年代则是重要的依据。

（四）手工业作坊遗址

在郑州商城的发掘中，还发现铸铜、制骨和制陶作坊遗址，其中铸铜作坊遗址 2 处，制骨和制陶作坊遗址各 1 处，分布于城墙外的南关外、紫荆山北和城内的铭功路西侧。

1. 铸铜作坊遗址

铸铜作坊遗址发现于南关外和紫荆山北，以南关外遗址面积最大，内涵亦比较丰富，延续时间亦比较长。紫荆山北的铸铜作坊遗址面积较小，内涵亦不及南关外遗址丰富，延续时间亦较短。

南关外铸铜作坊遗址位于商城南城墙外约700米处。面积有1000多平方米。发现铸铜场地以及熔铜炉残片、炼铜坩埚和陶范残片、炼渣、炭屑、矿石等铸铜遗物，还发现一些青铜工具、陶器、石器、骨器等遗物。

铸铜场地长约45米，宽约2.5米，地面平坦，其上分布着不少附有铜锈的硬面。硬面经过平整夯实，坚硬光滑，有火烧痕迹，并粘有铜锈。有的铜锈面附有与铸铜坩埚底相似的凹窝。在紧靠场地的南部有一平坦的硬土台，亦有火烧痕迹，土台上还保留有土墙，其中部亦有铜锈面和红烧土。铜锈面上分布有不少圆形凹窝，有的凹窝内填有铜渣，这些凹窝估计与固定陶范位置有关。

残熔铜炉发现一座，位于铸铜场地东北隅。熔炉只保存炉底部分，上部已破坏。炉底近似椭圆形凹坑，周壁残高0.6米，敷有草拌泥。炉底内外经火烧后呈砖红色。草拌泥壁面粘有铜渣。坑内填有炉壁块、铜渣、坩埚片、红烧土块、木炭屑等。

铸铜坩埚有三种：一种是用大口尊作胎，内外敷草拌泥加厚；一种是以砂质红陶缸作胎，内外壁亦敷草拌泥；还有一种是以黏土堆制，外敷草拌泥。前两种坩埚都是用生活中使用的陶器改制的，后一种是专门制作的坩埚。这三种坩埚的内壁都有一层铜渣。据化验结果，铜渣中粘附的铜粒都含有铜、铅、锌、氧化铁、氧化铝、氧化钙、氧化镁等元素。

陶范出土不少，有内范和外范两类，以外范较多。器范有工具范、兵器范和容器范三类。工具范有镢、刀、锥、斧等范。兵器范有戈、镞范。容器范有鼎、鬲、瓿、斝、爵范等，其中有不少带花纹的范。

南关外铸铜作坊遗址出土一些铜工具和兵器，其中铜工具有镢、凿、刀，兵器有镞，还有容器残片、小块铜片及铜簪。

紫荆山北铸铜作坊遗址位于商城北城墙外约 300 米处。遗址内发现房基、窖穴、铸铜场地以及坩埚、陶范、铜矿石、铜块、铜渣、炭屑等与铸铜有关的遗物，亦有陶器、石器、骨器、玉器等工具和生活用品。

房基发现 6 座，位于铸铜遗址中部，有围墙。有的房基经过多次增修。在房基填土中都有铜渣和陶范。有的房基内有铜锈面，铜锈面上亦分布有小圆窝，估计这类房基可能是铸铜场所中的工房。铜锈面大的有 2～2.5 平方米，小的只有 0.5～1 平方米。

坩埚用大口尊和红陶缸作胎，内外敷草拌泥。

陶范有工具范、兵器范、容器范和车轴头范等。工具范和兵器范有刀范、镞范，容器范有外范、范芯和带浇口的范块，并有花纹范，但数量不多。车轴头范发现 2 块。

铜矿石发现 40 余块，总重量约 2 公斤。矿石内夹有绿色铜粒、白色石英和红色铁粒，以铁粒较多。铜块发现 4 块，其中有一块为薄胎的铜器底部。青铜器有钺、镞、簪及铜条等。

据统计，南关外和紫荆山北铸铜作坊遗址出土的陶范总数计 298 件，其中工具范 112 件，兵器范 34 件，容器范 38 件，其他范 16 件，不明器形范 98 件。工具范所占比重最大，为 37%，其次为容器范，占 12%，兵器范占 11%，其他杂范占

5%。因此，这两处铸铜作坊遗址被认为是以铸造工具为主[23]。

据发掘者推断，南关外铸铜作坊遗址的兴建和使用年代为二里冈下层期至上层期，紫荆山北铸铜作坊遗址的年代为二里冈上层期。有人通过对这两处铸铜作坊遗址发掘的地层和出土遗物分析，推定南关外铸铜作坊的兴建和使用年代是从南关外期至白家庄期，紫荆山北铸铜作坊遗址是从二里冈上层期至白家庄期[24]。

依据地层和出土的陶器，南关外铸铜基址中发现的窖穴可分四组。

第一组有 5 个窖穴，即 C5 的 H42、H49、H50、H51 和 3H312。其中有 3 个窖穴有打破关系，即 H49→H50→H51。这 5 个窖穴出土的陶器有鬲、罐、斝、大口尊、盆、瓮等，皆属南关外期遗存，与原定的南关外遗址中、下层及原定为二里冈下层偏早的 C1H9 等单位所出陶器相同，因此确定这组窖穴的年代属南关外期。

第二组包括 C5T301 下层和 6 个窖穴。窖穴单位有 C5 的 H37、H38、H47、H48 和 3H302、3J304。这些窖穴所出的陶器的器形和纹饰都与二里冈下层偏晚的陶器特征相同，因此这组窖穴的年代应属二里冈下层期。

第三组包括 C5 的 3T301 中层文化层和 16 个窖穴。窖穴单位为 C5 的 H32、H33、H36、H40 和 C5 的 3H301、3H303、3H305、3H307～3H311、3H315～3H318。这组单位出的陶器，有同心圆鬲、长颈大口尊、高领带穿壶、簋、敛口斝等，均为二里冈上层常见器物，其年代应属二里冈上层期。

第四组包括 C5T21 中层文化层及熔铜炉残迹。在 T21 中层中出有宽折沿粗绳纹鬲，与白家庄期陶鬲相同，其年代应属白家庄期。

以上四组单位中都包含有与铸铜有关的遗物。如第一组单位的 C5H50 出土斝范，C5 的 3H312 出土爵范芯和花纹范。第二组文化层出土铜渣、木炭屑、红烧土块和陶范，窖穴中出土炼渣和陶范。第三组文化层亦出土炼渣、碎铜块和陶范，窖穴中出土陶范、铜渣、坩埚碎块和陶范等。第四组文化层含有熔铜炉残迹、坩埚片和陶范等。这四组单位都含有与铸铜有关的遗物，说明南关外铸铜作坊的兴建和使用年代是从南关外期开始，经历了二里冈下层期和上层期，到白家庄期终止。

紫荆山北铸铜遗址则出土二里冈上层期和白家庄期陶器。在发现的 6 座房基中，有的经改建或多次增修，有的房基之间还有打破关系，如 C15F1 两间并列，东间被 C15H10 和 C15H11 打破，而且这座房基还曾两次改建，如 C15H10 口部挖破了其房基内第二次改建后的地坪。这一复杂的地层关系说明这一铸铜作坊延续的时间比较长，出土的陶器亦有二里冈上层期和白家庄期遗存，这与地层关系是相合的。这些房基和窖穴内都出土与铸铜相关的遗物，因此可以断定紫荆山北铸铜作坊的年代是从二里冈上层期开始，延续至白家庄期止。

这两处铸铜作坊的兴建年代有早有晚。南关外铸铜作坊的兴建和使用年代早，紫荆山北铸铜作坊的兴建年代晚，因此可以这样认为，紫荆山北铸铜作坊应是在南关外铸铜作坊发展的基础上分离出来的又一作坊，它的发展年代较短。到了白家庄期之后，这两处铸铜作坊均被废弃。

2.制骨和制陶作坊遗址

制骨作坊遗址亦发现于紫荆山北。在 1954 年的发掘中，发现一个窖穴内埋有 1000 多块骨料，其中还有部分骨器和骨器半成品。骨料经鉴定，有人骨、牛骨和鹿骨，其中人骨最多，约占半数以上，骨料上多有锯痕。骨器有簪、镞。还发现磨制骨器的砺石。据此推测，这里应是一处制骨作坊遗址[25]，其年代为二里冈下层至上层期。

制陶作坊遗址发现于铭功路西侧。在这里发现有不少的房基、陶窑和墓葬。在 1400 多平方米范围内，发现房基 17 座、窑址 14 座、墓葬 29 座。这是郑州商代遗址中发现房基、陶窑和墓葬最多的一处遗址，其年代为二里冈下层至上层期。

房基有大房基 1 座和小房基 16 座，均分布在陶窑周围。小型房基均为半地穴式建筑，面积小，结构简单。呈长方形，长 1.85 ～3.35 米，宽约 1.5～2 米。门朝南者多，亦有朝北和朝西的。有的在前边开挖有窗门。与门相对应的地面或后墙上均有不规整的烧土面。这些房基可能是住房。

陶窑分布在遗址的东部。窑址有圆形和椭圆形，由窑室、火膛、火门、窑箅、窑柱组成。窑壁的外壁呈砖红色，内壁呈灰色。在遗址内发现 3 处白灰地坪，土质坚硬，表面平整。有的地坪上发现有柱洞，柱洞内有朽木痕迹。地坪周围散布大量的陶坯，据此推测地坪是制作陶坯的场地。在窑址周围发现的灰坑中，有的堆积有大量烧坏的陶器。在遗址内还出土不少制陶工具，其中有陶拍、陶杵和印模，印模花纹有云雷纹、方格纹、夔纹、弦纹和饕餮纹[26]。

手工业作坊遗址，尤其是铸铜作坊遗址，亦是郑州商城的重要内涵之一。它的发现，说明郑州商城所出的青铜器应是就地铸造的。这类手工业作坊应当是王室所控制的，铸造的青铜器主要供商王朝奴隶主贵族使用。从铸铜作坊遗址的发展规模来看，青铜器的铸造规模在南关外期还不大，到了二里冈上层期有了显著的扩大。

（五）郑州发现的商代墓葬

在郑州商城内外发现一批商代墓，主要是早商墓，亦有一些晚商墓。早商墓有三类：一类是随葬有铜器、玉器的墓，另一类是随葬陶器墓，还有一类是无随葬器和无墓圹的墓。墓的年代有二里冈下层期、二里冈上层期和白家庄期。在晚商墓中亦有一些铜器墓。

第一类墓发现不多，约有 20 座，分布不集中。发现地点有人民公园、白家庄、铭功路、黄委会、东里路、二里冈、北二七路等地点。这类墓的特点是墓坑稍大，墓内多有棺，墓底有腰坑，腰坑内埋狗，还撒有朱砂。随葬品有青铜器、玉器，有的还有象牙器、釉陶、骨器、石器，陶器，个别墓还有人殉。随葬的青铜器中多有礼器，以瓠、爵、斝较常见，少者 1 件，多者有 10 件，一般为 2～5 件。随葬青铜兵器和工具者少。

1954 年春，在人民公园首次发现 3 座铜器墓。M9 的人骨已腐朽，墓内有朱砂，墓底有腰坑。随葬的青铜器有礼器、兵器，其中礼器有铜盉 1 种，兵器有戈、镞，还有玉器及石斧、石戈和海贝。M15 有棺、椁，椁内有一个殉人，椁外有一只殉狗。随葬的铜器有钺、戈等兵器，还有残铜器、铜片和玉器[27]。M25 墓底有腰坑，随葬铜器有礼器、工具和兵器，礼器有爵 1 种，工具有刀，兵器有镞，还有玉器、陶器和原始瓷尊等。这 3 座墓中，M9 和 M15 的时代属晚商[28]。

　　1955年秋，在白家庄发现3座铜器墓。M2有棺，墓底撒有朱砂。随葬铜礼器5件，包括鼎、罍、爵、斝、盘各1件，还有玉器、绿松石饰和1件象牙觚。M3墓室较大，有二层台，亦有棺。墓内有朱砂，墓底有腰坑，内埋狗1只，二层台上有一个殉人。随葬的铜器较多，其中礼器就有10件，包括鼎、鬲、斝、爵、觚、罍五种器物，除鼎、罍各1件外，余均2件。还有铜簪、玉璜、玛瑙杯、象牙梳、石器等[29]。M7亦有二层台，有棺，墓底亦铺有朱砂。随葬的铜器有爵、斝之类礼器及凿、戈之类工具和兵器，还有一些玉器和石器[30]。这三座墓中，以M3的随葬品最为丰富，是郑州发现的早商墓中惟一有人殉而且随葬礼器种类和数量最多的一座。它是早商墓中年代最晚的墓之一。

　　1955年和1956年，在铭功路一带先后发现4座铜器墓。M2中残存有漆片，估计是棺木上的残漆。墓底有朱砂。随葬铜器有礼器斝、爵各2件，鼎、觚各1件，亦有刀、戈之类工具和兵器，还有玉器、陶器和釉陶尊。M4墓随葬铜器有觚、爵之类礼器各1件，还有玉[31]。M146墓有棺，墓底有腰坑，内埋狗1只。随葬铜器有礼器鼎1件，还有玉器及陶器鬲、觚、斝、爵等。M148墓有棺，随葬铜器有爵，还有陶器鬲、盆、豆、觚、斝等，亦有玉器和骨器[32]。

　　1971年，在东里路中医学院家属院内发现铜器墓1座，随葬铜器有礼器盉、爵各1件。1975年，在黄河医院院内亦发现铜器墓1座，随葬铜器有斝、爵之类礼器各1件，还有陶器鬲、斝、簋。1979年，在黄委会亦发现铜器墓1座，随葬铜器有鼎、爵之类礼器[33]。同年，在二里冈亦发现铜器墓1座，随葬斝、爵之类礼器，亦有玉器[34]。

1982 年，在北二七路北段发现铜器墓 2 座。M1 有棺，墓底有腰坑，内埋狗 1 只。随葬铜器有礼器、工具，其中礼器有鼎、爵各 1 件及瓿 2 件、斝 3 件共 7 件，还有工具刀和铜片。还出土玉器 10 件，包括璧、戈、铲及柄形饰。石器有戈、铲、锛。还有骨、牙器及印纹硬陶尊等。这亦是随葬品比较丰富的一座墓。M2 有棺，亦有腰坑。随葬铜器有礼器斝 2 件、瓿 1 件，工具有刀，亦有玉器和石戈、石铲及印纹硬陶尊等。M3 未见随葬品[35]。

此外，还有一些地点亦出土有青铜器，估计亦是墓内随葬的铜器。人民公园出土有铜尊和铜爵，白家庄出土有铜斝和盉、瓿、罍，郑州烟厂出土有铜斝，南关外出土有铜瓿，熊耳河出土有铜盉和爵，杨庄一带出土有铜鬲和爵，二里冈一带出土有铜斝、罍和镢、凿。

这批铜器墓的时代，除人民公园的 M9 和 M15 确定属晚商外，其余均属早商墓。早商墓中，年代最早的是黄河医院院内发现的 M32，年代最晚的是白家庄 M2 和 M3。

推定出具体年代的墓葬有如下几座：

铭功路 M2 和 M4 两墓。根据墓坑填土中包含的二里冈上层期陶片和出土铜器的形制断定，其年代属二里冈上层期。但 M4 出土 1 件铜爵，底部圆鼓，具有年代稍晚的特征，M4 年代可能比 M2 稍晚[36]。

北二七路发现的 3 座墓。三墓均压在第四层文化层下，第四层文化层下还压有 4 个灰坑，文化层和灰坑内出的陶片均属二里冈上层期。墓内铜器的形制与铭功路 M2 的铜器相同，因此断定 M1 和 M2 的年代均属二里冈上层，但 M1 出土的铜斝和爵则具有年代较晚特征，因此被认为属二里冈上层稍晚[37]。

东里路 C8M32 和中医学院家属院内的铜器墓。有人认为，东里路 C8M32（即黄河医院院内的铜器墓）出的陶簋与二里头四期的陶簋相近，细绳纹卷沿鬲和斝也具有二里冈下层的特征，因此断定其时代大体和二里冈下层第二段接近。另一墓（即中医学院家属院内的铜器墓）出土铜盉和爵，其中铜盉的形制明显仿于二里头三期陶盉，铜爵的形制则和 C8M32 墓出土的铜爵相同，因此断定其时代与 C8M32 相近[38]。

年代最晚的墓是白家庄 M2 和 M3。另外铭功路 M4 与白家庄 M2 和 M3 年代相当，北二七路 M1 年代亦较晚。这些墓的年代均属白家庄期。

随葬铜器、玉器的墓主人的身份当属贵族阶级。但各墓随葬礼器的种类和数量都有差别，由此可以推知这些奴隶主贵族有不同的等级之分。随葬铜礼器种类和数量最多的是白家庄 M3，此墓还有人殉，是这批贵族墓中等级最高的。其次是北二七路发现的 M1，随葬品亦比较丰富，仅铜礼器就有 7 件，这座墓的墓主等级亦比较高。早商铜器墓是以觚、爵、斝三种礼器的基本组合作为划分等级的标准的。

第二类墓发现了几十座。发现的地点有人民公园、城墙、铭功路西侧和二里冈等地。清理墓最多的是铭功路西侧制陶遗址和郑州商城城墙。这类墓一般都有墓圹，个别墓有棺。有的墓内有朱砂，个别墓亦有腰坑，坑内埋狗。葬式多为仰身直肢，亦有屈肢。有些墓随葬陶器，少者 1 件，一般为 2~4 件，多者有 10 件，有的有玉饰，有的还有铜兵器。

在铭功路制陶遗址发现的 29 座墓中，随葬品最多的有 10 件，少者 1 件。陶器组合以鬲、斝、簋、豆为主，有的兼有爵、盆、瓮[39]。

在郑州商城的发掘中清理了墓葬 30 座，其中二里冈下层墓 5 座，二里冈上层墓 25 座。二里冈下层墓都有随葬品，均为陶器，组合为鬲、盆、罐、豆，或鬲、罐、钵，少者 2 件，多者 5 件。二里冈上层墓多无随葬品，少数有陶器，少者 2 件，多者 5 件，组合为鬲、豆、簋[40]。

第三类无墓圹墓，死者埋于灰层和灰坑内，无任何随葬品。有的遗址内曾发现 5 具成年人和 2 具小孩骨架埋在一起，10 多具成年人与数具猪骨架分层合埋在一起，还有 4 具成年人头与 1 具猪骨架分层埋在一起。还发现狗坑内埋有人的现象[41]。这类死者很可能是奴隶。

上述三类墓葬反映出商代早期明显地存在着不同的阶级，其中贵族墓随葬的青铜礼器比二里头文化的贵族墓有显著的增多。而在随葬陶器的墓中，陶器的数量和种类都明显减少，组合亦有所不同。在二里头墓中随葬的陶器不见有鬲，而在郑州商代墓中随葬的陶器都有鬲，这反映出两者的族属是不同的。

（六）郑州商城发现的铜器窖藏坑

在郑州商城的发掘中先后发现 3 处窖藏铜器坑。其中1974 年在张寨南街杜岭岗发现一个窖藏坑，内埋铜器 3 件[42]。1982 年在二里冈向阳回民食品厂基建工地又发现一个铜器窖藏坑，内埋铜器 13 件[43]（图九）。1996 年在南顺城街亦发现一个铜器窖藏坑，内埋铜器 12 件[44]（图一〇）。

张寨南街的窖藏坑位于郑州商城西城墙外约 300 米处的杜岭土岗南段，距地表约 6 米深。内埋大方鼎 2 件、铜鬲 1 件（图一一）。大方鼎紧靠并列，铜鬲放在一件方鼎内。

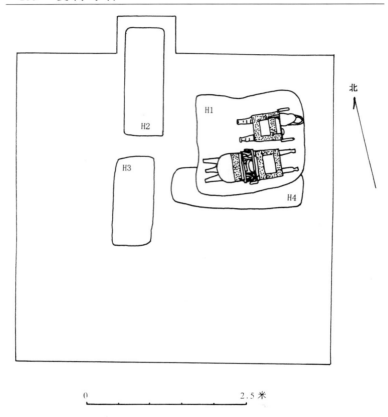

北

0   2.5 米

图九　郑州向阳回族食品厂铜器窖藏 H1 及灰坑 H2、H3、H4 平面图

　　向阳回民食品厂的窖藏坑，位于郑州商城东南角外约 54 米处，距地表深约 4.6 米。内埋大方鼎 2 件、大圆鼎 1 件、扁足鼎 2 件、罍 1 件、尊 2 件、提梁卣 1 件、瓿 2 件、盂 1 件等（图一二）。这批铜器经过套装，对口并列放置。

　　南顺城街的窖藏坑，位于郑州商城西城墙南段以外约 50 米处，坑口距地表深约 4.9 米。内埋大方鼎 4 件、斝 2 件、爵

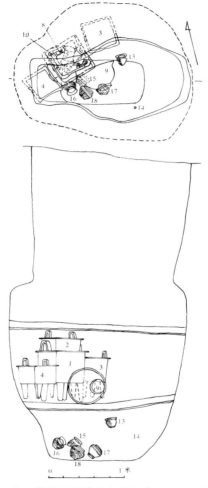

图一〇　郑州南顺城街铜器窖藏 H1 平、剖面图

1、2、3、4. 铜方鼎　5、6. 铜罍　7、8. 铜爵　9. 铜簋　10、11. 铜戈

12. 铜钺　13. 印纹硬陶尊　14. 铜泡　15. 陶鬲　16. 陶捏口缸　17. 陶罍

18. 陶尊（其中 7、11、12 号器物被压于其他器物下）

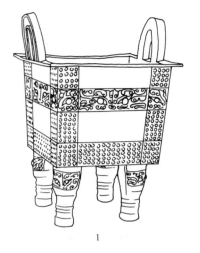
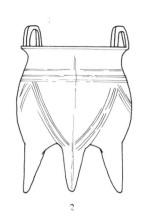

图一一　郑州张寨南街窖藏坑铜器

1.杜岭一号铜方鼎　2.杜岭三号铜鬲

2件、簋1件、戈2件、钺1件（图一三）。铜器放置有序，一号方鼎居中，二号方鼎置于一号方鼎内，三、四号方鼎置于一号方鼎左右两侧，斝、爵、戈、钺放在二号方鼎内，簋扣在二号方鼎口部。

　　这三处窖藏坑的位置均在郑州商城城墙之外，分布在东、西和东南部，间隔有一段距离。内埋的28件铜器中，有25件容器，只有3件兵器。容器的种类较全，多属郑州商城所出青铜器中之精品，一般认为它们是商王朝王室所使用的铜器。

　　在这批窖藏铜器中，最值得注意的是8件大方鼎。这类器物在奴隶主贵族墓所随葬的青铜器中并未发现过，仅在窖藏铜器中发现，这或许反映出大方鼎并不是一般奴隶主贵族所能拥有的，而是商王朝王室所拥有的青铜重器。

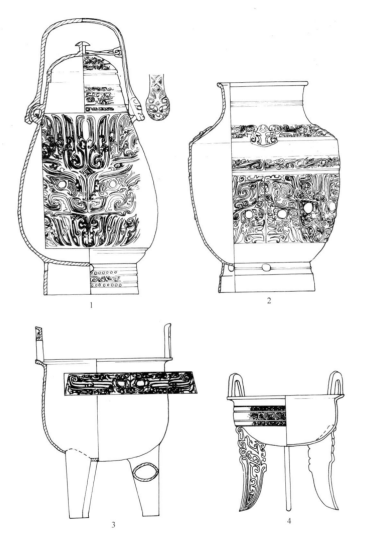

图一二　郑州向阳回族食品厂窖藏坑 H1 铜器

1.提梁卣　2.罍　3.圆鼎　4.扁足鼎

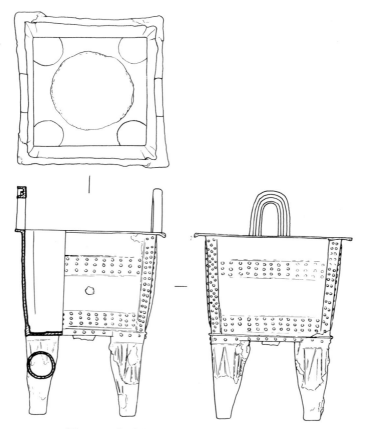

图一三　郑州南顺城街窖藏 H1 上层铜方鼎

　　这 8 件大方鼎的大小轻重有别。最大的是张寨南街窖藏的
2 件方鼎，其次为南顺城街窖藏的 H1∶1 号鼎。最重的是张寨
南街的 1 号鼎，其次为向阳回民食品厂窖藏的 H1∶2 号鼎。最
小和最轻的是南顺城街窖藏的 H1∶4 号鼎。

　　张寨南街窖藏的 2 件大方鼎为一大一小。1 号鼎通高 100

厘米，口径长 62.5 厘米，宽 60.8 厘米，重 86.4 公斤。2 号鼎通高 87 厘米，口径长宽各 60.8 厘米，重 64.25 公斤。

向阳回民食品厂窖藏的 2 件方鼎亦一大一小。H1：2 号鼎通高 81 厘米，口径长 55 厘米，宽 53 厘米，重 75 公斤。H1：8 号鼎通高 81 厘米，口径长宽各 53 厘米，重 52 公斤。

南顺城街窖藏的 4 件方鼎亦大小有别。H1：1 号鼎通高 83 厘米，口径长 51.5 厘米，宽 51.2 厘米，重 52.9 公斤。H1：2 号鼎通高 72.5 厘米，口径长 44.5 厘米，宽 43.5 厘米，重 26.7 公斤。H1：3 号鼎通高 64 厘米，口径长 42.5 厘米，宽 42 厘米，重 21.4 公斤。H1：4 号鼎通高 59 厘米，口径长 38 厘米，宽 36 厘米，重 20.32 公斤。

这 8 件方鼎虽然大小轻重有别，但作风古朴端庄，具有一定的气魄，当属王室重器。窖藏的其他铜器，如圆鼎、扁足鼎、尊、罍、提梁卣、鬲、瓿、爵、斝等容器，都铸有精美的花纹，可以说亦都是精品。尤其是尊、罍、卣通体饰细密的花纹，其中尊的肩部还饰有三个突出的牛首，罍的肩部亦饰有三个立体的羊首。提梁卣则不仅通体饰细密的花纹，而且在器盖、器座和提梁身上亦饰花纹，这是郑州商城出土的青铜器中最精美的一件。在回民食品厂窖藏的一件大圆鼎，通高 77.3 厘米，口径 52 厘米，重 53 公斤，是郑州商城出土的圆鼎中最大最重的一件。两件扁足圆鼎，造型精巧优美，镂空扁足，此类铜鼎首见于郑州商城出土的青铜器。盂的底部中央立一中空柱，顶作菌状，是比较奇特之作，亦是郑州商城出土铜器的首见。

这三处窖藏出土的铜器，在张寨南街最初发现时并未意识到它是窖藏品，当时多怀疑它们是墓内的随葬品。后来，我们通过对铜器出土地点的具体分析，并没有发现任何迹象可以说明杜岭埋藏的三件铜器是墓内的随葬品，因此断定这3件铜器应是窖藏品[45]。对二里冈回民食品厂和南顺城街埋藏的铜器，在清理时就断定属窖藏品。

这三处窖藏铜器的年代，发掘者都作过推定。其中对张寨南街和回民食品厂两处窖藏铜器的年代，根据坑内共存的陶器，断定属二里冈上层期。有人则根据张寨南街杜岭和回民食品厂埋藏的铜器形制和花纹的分析，认为这些铜器的年代有早有晚，多数铜器年代属二里冈上层期，少数属二里冈下层期，其中杜岭出的铜鬲作风就应属二里冈下层期。这两处窖藏铜器埋藏的年代，据坑内出土的陶器断定，均属白家庄期[46]。

南顺城街窖藏铜器的年代亦有早有晚。有人认为这里出土的3、4号方鼎，造型古朴，花纹布局简单，且不规则，反映出较原始的铸造技法，断定其铸造年代应相当于二里冈上层一期。2号方鼎的铸造工艺比3、4号方鼎进步，断定其年代约相当于二里冈上层二期。1号方鼎及铜罍、铜爵的铸造工艺精美，断定其铸造年代稍晚于白家庄期，而早于殷墟一期。这批铜器的埋藏年代，亦应稍晚于白家庄期[47]。

从南顺城街窖藏的铜器来看，铸造技术工艺有粗有精，器壁有薄有厚，花纹有的简单，有的繁缛，其年代很明显地表现出有早有晚。在四件方鼎中，有三件即第2、3、4号方鼎的作风粗糙，器壁薄，体轻，器足上都饰划纹，这与二里头陶器上饰的划纹很相似，因此其年代应较早。但3、4号方鼎腹部只饰一周乳钉纹，四周边饰2排乳钉纹，布局很不规整，作风最粗糙，其年代应最早，大约应属二里冈下层一期。2号方鼎腹部则饰一周饕餮纹，周边饰3排乳钉纹，布局也不规整，作风虽粗糙，但比 3、4 号方鼎进步，其年代应较晚，应属二里冈下层二期。1 号方鼎和铜斝、铜爵的铸造工艺技术水平较高，饰有比较精细的花纹，布局亦比较规整，其年代应较晚，属二里冈上层期，最晚的年代不超出白家庄期。至于这批铜器埋藏的年代，我们认为亦不超出白家庄期。最根本的理由是，在郑州商城发现的商文化，到白家庄期已开始衰落，此后即完全衰落，因此不太可能有大型铜器的窖藏。

对于郑州商城窖藏铜器埋藏的原因，有不同的意见。有人认为回民食品厂窖藏铜器可能与祭祀有关，根据是 H2 和 H4 灰坑内发现不少牛骨，因此认为出土铜器的地点与祭祀有关[48]。有人则认为灰坑内出土的牛骨与窖藏铜器无关，两者不是同时期的，铜器窖藏坑打破了灰坑 H4，牛骨坑早于铜器窖藏坑，因此没有理由把它们联系起来作出与祭祀有关的估计。这些窖藏铜器与商王朝内部动乱有关，据《史记·殷本纪》记载，商代"自中（仲）丁以来，废适而更立诸弟子，弟子或争相代立，比九世乱"。古本《竹书纪年》云："仲丁即位，元年，自亳迁于嚣。"据此度之，这些窖藏铜器，应是仲丁即位以后商王朝出现动乱，因迁都而埋藏的[49]。

（七）郑州出土的商代青铜器

历年来，在郑州商城遗址和郑州其他地区发现一批早商铜器。此外，在河南境内还有不少地点发现早商铜器。但出土早商铜器最集中的地点是郑州商城内外。

郑州商城出土的早商铜器主要出于墓葬和窖藏。在铸铜作坊遗址和聚落遗址内亦有一些小件铜器出土，其中有工具、镞和铜簪。大件铜器包括礼器和铜戈之类的兵器，均出于墓葬或窖藏。

在郑州商城和河南境内出土的早商青铜器，种类有礼器（或称容器）、兵器、工具和装饰品四大类，其中礼器的出土数量最多，估计有 200 多件，兵器和工具出土数量不多，装饰品最少。

礼器种类有方鼎、圆鼎、浅腹扁足鼎、鬲、尊、罍、盉、觚、斝、爵、卣、盘、盂等十余种。数量最多的是爵、斝、鼎，其次为觚、鬲、尊、罍、盉、盘，最少的是卣和盂，各出土 1 件。兵器有钺、戈、矛、镞，最多的是镞、戈、钺，矛较少。工具有斧、镬、斨、刀、锥、凿、钻、钩等。装饰品有铜簪和用途不明的饰件。

这批青铜器中以礼器的铸造技术和工艺水平最高。青铜礼器造型比较复杂，形式变化多样，各类器物都有不同的形式，有的器物结构比较简单，有的则比较复杂。器体有大小、轻重的不同，最大最重的器物近百公斤，小的不足 10 公斤。大的器物形态古朴庄重，小的器物则显得精巧。多数器物表面都铸有花纹，只有少数器物未铸花纹。花纹线条有粗有细，纹样和布局亦有简有繁，有个别铜器还铸有族徽。

青铜礼器中，方鼎的形制均为方形斗腹，圆柱形足，四足粗大。圆鼎均为圆腹圜底，腹有深浅，底附三个圆锥足。扁足鼎为浅腹圜底，扁足镂孔。鬲为折沿深腹，分裆三袋足，足尖作锥状。罍的形制为小口长颈，折肩深腹，圈足。尊为长颈大口折肩，圜底圈足。盉为筒状深腹，袋足，封顶，顶附管状流。卣为椭圆深腹，圜底圈足，有提梁和器盖。斝为长颈内收，下腹微鼓，圜底或平底，口沿附一对立柱，三锥足。觚为圆形细长体，喇叭口，平底圈足。爵体短细腰，长流短尾，流上附有一对立柱，平底三锥足。盘为浅腹圈足。盂浅腹，平底圈足，盂内底中央竖一中空圆柱，有菌状柱顶。这些器物的形制各异，各有其美观效果。其中形态最美、结构最为复杂的是提梁卣，其形态匀称协调，其次是尊、罍。

花纹装饰有平面花纹和立体花纹两大类。平面花纹有饕餮纹（或称兽面纹）、夔纹、勾连云雷纹、目纹、联珠纹、乳钉纹、划纹、折线纹、人字纹、涡纹、弦纹等多种，以饕餮纹为主。立体花纹有牛首和羊首形象。还有扉棱和十字镂空装饰。在白家庄出土的一件铜罍的颈部还饰有三个龟形图案，可能为族徽。花纹布局多采用单层花的流动云纹和带状饕餮纹，装饰在器物的上腹一周，上下界以联珠纹，有的则通体饰细密的花纹。

花纹装饰的繁简，则视器物的用途而异。铜鬲的花纹装饰比较简单，或不饰花纹，或在腹裆部饰单线或双线人字纹，少数在器物的上腹饰一周带状夔纹，这种鬲的年代较晚。方鼎一般在上腹饰一周带状乳钉纹或一周由三组饕餮纹组成的带状花纹，周边饰3～5排乳钉纹，有的器足亦饰有饕餮纹或划纹。圆鼎一般亦在上腹饰一周由三组饕餮纹组成的带状花纹，上下界以联珠纹或云雷纹。铜爵、斝亦在上腹饰一周弦纹或带状饕餮纹。瓿一般在下腹饰一周带状饕餮纹。装饰花纹最为繁缛的有尊、罍和提梁卣。尊的腹部和肩部都饰有花纹，有的肩部还有牛首装饰，有的腹部饰扉棱。罍的肩、腹部饰线条细密的花纹，有的肩部还有立体羊首装饰。提梁卣则通体饰线条细密的花纹，而且器盖和提梁亦饰花纹，这是花纹装饰中最精美的。此外，在尊、罍、瓿、盘、盂的圈足座上，一般还有十字镂空装饰。

郑州商城出土的早商铜器，经化验均为铜、锡、铅合金。张寨南街出土的 2 号铜方鼎含铜 75.09％、锡 3.48％、铅 17％。回民食品厂窖藏的 2 号方鼎含铜 87.73％、锡 8％、铅 0.10％、锌 1.25％。同出的盘，含铜 86.37％、锡 10.91％、铅 0.69％、锌 0.01％[50]。

铸造技术有浑铸法和分铸法两种。其中小件器物如兵器和工具主要采用浑铸法，大件器物如各种礼器则主要采用分铸法。

从出土的陶范来看，兵器和工具的铸造，有一范同器多件和一范不同器多件合铸。有的陶范如刀范和镞范，一般有一范多件。镞范中有一范六镞，刀范中亦有一范二刀或三刀。不同器的合铸范，有刀、锥、凿三种工具合铸。

铜礼器一般视器物的大小和结构的简单或复杂而采用不同的铸法。器物小而结构简单的，采用浑铸法铸造，器物大而结构复杂的，则采用分铸法铸造，器体大而结构复杂的用范较多。如张寨南街窖藏的大方鼎就采用多块范分铸合成。据分析，鼎的四角各用范一块，鼎腹四壁各用范一块，鼎底用范一块，鼎足各用一块合范，鼎耳亦各用一块合范，共用范十多块。或先铸耳、足，后铸鼎身，或先铸鼎身，后铸足、耳，然后合成。铸造这类铜器的技术难度颇大。

郑州商城出土的早商铜器，年代从早到晚的铸造技术工艺和发展水平有明显的差异。一般说来，年代早的铜器作风粗糙，技术工艺水平较低，突出的表现是器壁薄，器体轻，或无花纹，或只饰简单的花纹，线条亦较粗，器形比较简单。年代晚的铜器器壁较厚，器体重，技术工艺比较精细，水平较高，多铸有花纹，线条较细，有的通体饰花纹，有的还饰立体花纹和扉棱。器形结构趋于复杂，变化亦较大。

据有的学者分析，二里冈下层一期的铜容器种类和数量都不多。种类有爵、斝、鬲等四种。断定此期铜器的主要依据是，其形制特征和二里头的同类器接近，多仿制陶器的器形。其器壁较薄，器表多素面，有花纹装饰者纹饰简单。有的铜器，伴出有二里冈下层一期陶片。

二里冈下层二期的铜容器出土数量和种类增多。除爵、斝、盉、鬲外，增加了鼎和瓿两种。花纹装饰有一期延续下来的两道或三道细凸弦纹，还增加了纹样简单的细凸线饕餮纹、夔纹等。

二里冈上层的铜容器出土数量和种类又较前增多。种类有爵、斝、盉、鬲、方鼎、圆鼎、扁足鼎、瓿、尊、罍、盘、卣、盂等。铸造工艺亦有很大提高。确定此期铜器的依据是，在出这些铜器的墓葬和祭祀坑的填土中，多伴出二里冈上层一期陶片，器形上亦与二里冈上层一期同类器接近。

二里冈上层二期的铜容器出土数量和种类不多。确定此期铜容器出土的单位有 C8M2、C8M3 和铭功路西侧的 M4。器物种类有鼎、鬲、爵、斝、瓿、盘几种[51]。

这一分析，基本上把郑州商城和其他地点出土的早商铜器分为四期。这一分期比以前只分二里冈下层和二里冈上层两期更细。不过，对年代最早的铜容器种类判断为只有四种，依据新的资料，恐怕就不止这些。据有的学者对张寨南街、回民食品厂和南顺城街三处窖藏的 8 件大方鼎进行拼铸技术的研究，其铸造技术有差异，可分早、中、晚三期。至于这三期是在二里冈上层内分为三期，还是南 1:4、南 1:3 和南 1:2 这三鼎应早到二里冈下层，H1：8鼎位于二里冈上下层之间，南1：1号鼎和向阳H1：2则晚到上层，这需要与其他铜器进行综合研究才能断定[52]。

根据南顺城街窖藏的铜方鼎来看，2、3、4号方鼎的作风是最粗糙的，可以说是目前所见早商铜器中质量最差、作风亦最粗糙的铜器，故应是年代最早的。这种器形有可能是仿二里头陶方鼎的器形，其饰划纹的作风，亦是承袭二里头陶器中的划纹作风。因此，这三件方鼎的铸造年代，最晚不可能超出二里冈下层期。

郑州商代青铜文化无疑是继承二里头青铜文化发展起来的。在郑州出土的年代最早的青铜器的铸造技术工艺与二里头的青铜器相比较，很明显地有继承关系，如爵、斝的形制与二里头的同类铜器相似。但是，郑州商代铜器的铸造技术工艺水平比二里头文化有显著的提高，出现了不少新器形，多有花纹装饰，尤其是花纹装饰中出现了以饕餮纹为主题的风格，很具特色。郑州商代青铜文化的发展，可以说从二里冈下层期文化开始就具备了自己的特点，到二里冈上层期，则是发展的鼎盛时期，这一阶段的青铜器铸造，不仅生产规模扩大，技术工艺水平亦有很大提高，而且形成了独特的风格。这种风格，又被商代后期的青铜文化所继承，在殷墟出土的早期青铜器就带有郑州商代二里冈上层期铜器的特点。

（八）郑州商城的年代和性质

郑州商城的年代和性质，经过多年的研究，学术界已有基本的认识，但亦存在着分歧。比较一致的认识是，都肯定郑州商城是商代前期的都城遗址。分歧意见在于，有的学者把郑州商城的年代定为商代二里冈期，并把二里冈期文化的年代定为中商，郑州商城的性质是仲丁之隞都；而有的学者则把郑州商城的年代定为早商，郑州商城的性质则定为亳都。

1. 郑州商城的年代

郑州商城的年代，最初确定属二里冈期。当时依据城墙发掘的地层和出土陶器断定郑州商城的使用年代是从"商代二里冈下层开始，一直延用到二里冈期上层"[53]。这就是说，郑州商城的历史年代只经历了二里冈下层期和上层期。

其后，有的学者通过对城墙的地层和出土陶器进行比较具体的分析后，断定郑州商城城墙的始建年代应属南关外期，而不是在二里冈下层期[54]。这就把郑州商城的始建年代提早到早于二里冈下层期。

后来，又根据对郑州商城宫殿基址建筑年代的推定，把郑州商城的年代推定在从南关外期到白家庄期。主要依据是1973～1978 年在宫殿区的发掘中发现的宫殿基址，在建筑年代上分三组：一组始建于南关外期，二组始建于二里冈下层期，三组始建于二里冈上层期。到白家庄期阶段，全部宫殿建筑基址均遭破坏。因此推定郑州商城所经历的历史年代，是从南关外期至二里冈上层期，白家庄期是郑州商城作为王都的终止年代[55]。

郑州商城所经历的历史年代，还可以根据郑州商文化的发展状况进行说明。郑州商文化的发展，很明显地表现出有发展期、繁荣期和衰落期之分，南关外期是郑州商文化发展初期阶段，二里冈下层期是发展阶段，二里冈上层期是繁荣阶段，白家庄期是衰落阶段。

在南关外期，郑州商城内外发现的文化遗存还不丰富。这时期的文化堆积层比较薄，发现的文化遗存比较少，而且也不普遍。但这一时期城墙、宫殿已开始兴建，铸铜基址亦出现。这就说明，在南关外期郑州商城作为商代王都的历史已经开始，其文化亦开始发展。

在二里冈下层期，郑州商城内外发现的文化遗存已相当丰富。各遗址内都有二里冈下层期的文化遗存，文化堆积层也比较厚，分布范围扩大。这一时期，不仅在城址内外都发现有二里冈下层遗存，而且发现了手工业作坊遗址包括铸铜、制陶作坊遗址以及奴隶主贵族墓。出土的二里冈下层期的遗物相当丰富。尤其是青铜器出土不少，铸造工艺也比较精美。这就说明，在二里冈下层期郑州商城的文化已进入发展阶段。

在二里冈上层期，郑州商城内外发现的文化遗存更为丰富。各遗址不仅有二里冈上层文化层发现，而且堆积厚，出土的遗物亦相当丰富。这时期的铸铜作坊又有新的发展，发现的铸铜作坊遗址已有二处 。出土的青铜器数量和种类亦有显著的增多，铸造技术工艺水平更高，多为精美之品。随葬青铜器的奴隶主贵族墓亦有较多发现。这就说明，二里冈上层是商代文化发展的繁荣期。

在白家庄期，郑州商城内发现的文化遗存显著减少，尤其是宫殿建筑基址在这一时期遭到破坏。遗址内发现的文化堆积层较薄，出土的遗物也不多，但发现了铜器窖藏。这一时期还有白家庄期遗存的发现，并出有一些青铜器，亦有随葬铜器的贵族墓发现。这些现象说明，白家庄期郑州商城的文化已从繁荣趋于衰落。

郑州商城的文化发展状况说明郑州商城的兴废是从南关外

期至白家庄期。郑州商城作为商代王都的历史，从南关外期开始至二里冈上层期延续了三四期，经历了比较长的年代。现在，考古界对郑州商城的始建年代仍有不同的看法，有人仍然认为郑州商城始建于二里冈下层期，但对废弃的年代则认识比较一致，多认为它废弃于白家庄期或称二里冈上层期偏晚。

至于郑州商城废弃的原因，我们认为可能与商王朝统治阶级内部出现动乱而迁都有关。因为，郑州商城的废弃与殷墟的情况并不相同，殷墟是因为殷商王朝被周王朝所灭而成为废墟的，这是外族侵入的结果。郑州商城的废弃，并不是因外族的侵入和商王朝覆灭所造成，因为在郑州商城内并未发现外族侵入的文化因素。因此，郑州商城的废弃，最大的可能是商王朝内部出现动乱而迁都所造成。

从文献记载看来，商王朝统治阶级内部出现动乱，始于仲丁时期。《史记·殷本纪》："自中（仲）丁以来，废适而更立诸弟子，弟子或争相代立，比九世乱。"由于内乱，从而导致迁都。古本《竹书纪年》："仲丁即位，元年，自亳迁于嚣。"《史记·殷本纪》："仲丁迁于隞"。此后，还有河亶甲迁相，祖乙迁邢，南庚迁奄，盘庚迁殷。由此可以看出，这些迁都与"比九世乱"有密切关系。因此，郑州商城的废弃与仲丁的迁都有密切的关系[56]。

2. 郑州商城的性质

郑州商城的性质，指的是这座都城遗址究竟是商代何王的都城。自郑州商城发现后，考古界就对这座城址的性质开始研究，最初普遍认为它可能是仲丁之隞都。60年代初，安金槐先生撰写了《试论郑州商代遗址——隞都》一文，正式提出郑州商城可能是商代仲丁之隞都[57]。其理由主要有两条：一是依据文献上有关隞都地望的记载，认为郑州商城的位置与隞都地望接近；二是通过对郑州发现的商文化年代分析，确定二里冈期文化属中商，同时把商代历史划分为早、中、晚三期，确定仲丁时期为中商历史年代的开始。根据这两条理由，推定郑州商城可能是仲丁之隞都。

关于隞都的地望，主要据《括地志》载"荥阳古城在荥泽西南十七里，殷时隞都也"，认为古荥泽即今郑州市西北约 15 公里的古荥泽镇一带。按《括地志》所载，隞都的地点应在今古荥镇西南约十七里一带。但是，在这一带地区进行考古调查，并未发现商代城址，连商代遗址亦未发现，而在郑州市旧城内外则发现一处面积约 25 平方公里的商代遗址，其面积之大、内涵之丰富，显然不是一般村落遗址。且郑州商城与古荥泽很近，因此推测它"很可能就是仲丁迁隞的都城遗址"，并认为《括地志》所载的隞都在古荥泽"西南"十七里很可能是"东南"之误。

关于郑州商代遗址的年代，根据郑州商代遗址的发掘材料，从地层和出土遗物的发展演变上，都可以清楚地分为早、中、晚三期。早期以洛达庙遗址为代表，中期以二里冈遗址为代表，晚期以人民公园遗址为代表。与此同时亦将商代历史依汤居亳到盘庚迁殷的五次迁都划分为早、中、晚三期。汤居亳为商代早期，仲丁迁隞、河亶甲迁相和祖乙迁耿属商代中期，盘庚迁殷为商代晚期。据此认为郑州商城城垣遗址亦属商代中期，文献记载与考古发掘材料正好吻合。

郑州商城隞都说正式提出之后，有学者提出质疑。提出的意见主要有两点：一是认为对郑州商城的年代断代证据不足，没有绝对年代的证据，而且一个完整的商代遗址分期系统还没有建立起来，不能确指什么样的文化层相当于仲丁或其前后；二是指出《括地志》只是讲荥阳故城在殷时隞地的范围之内，并未确指为隞都所在[58]。

对郑州商城隞都说虽然有学者提出了质疑，但并未对此说产生冲击。隞都说在当时可以说仍被考古界普遍接受，究其原因在于当时二里头文化被认为是早商文化，二里头遗址亦被认为可能是汤都西亳，这样将晚于二里头文化的二里冈期商代文化和郑州商城定属中商和隞都，就有它的合理之处。直到70年代末，郑州商城的性质问题才有人提出新的观点。

1978年，邹衡先生对郑州商城的性质提出了新的观点，认为不是隞都，而是亳都[59]。其理由在1980年出版的《夏商周考古学论文集》中论述得更为详细，主要论据有四点：

一、古代文献中有东周时期郑地之亳的记载。《春秋·襄公十一年》："公会晋侯、宋公、卫侯、曹伯、齐世子光、莒子、邾子、滕子、薛伯、杞伯、小邾子伐郑。秋，七月，己未，同盟于亳城北。"杜注："亳城，郑地。"《左传·襄公十一年》："夏，郑子展侵宋。四月，诸侯伐郑。……郑人惧，乃行成。秋，七月，同盟于亳。"

二、郑州商城出土的陶文证明东周时期郑州商城名亳、亳城或亳丘。在郑州商城北部和东部的金水河、白家庄一带，曾发现几批东周时期陶文，其中有"亳"字，亦有"亳丘"二字。这证明郑州商城在东周时期名亳或亳都，其中"亳丘"应该就是"亳墟"。

三、汤都亳的邻国及其地望与郑州商城相合。据文献记载和考证，郑州附近有葛伯城、葛乡城，韦地就是今郑州，昆吾应在今新郑、密县一带。夏桀之居应在伊洛地区。汤居郑地之亳，正合于韦—顾—昆吾—夏桀的作战路线。

四、郑州商文化遗址发现的情况与成汤居郑地之亳相合。从年代看来，郑州商文化遗址的年代可分为先商期、早商期和晚商期，以早商期遗址分布最普遍，内涵丰富，是最繁盛时期，郑州商城的修筑与使用主要是在这一时期。据^{14}C 测定经树轮校正，郑州商城的始建年代在公元前 1620～前 1595 年之间，与古文献所载成汤都亳之年代相差不远，这就为成汤居郑之亳城提供了直接的年代依据。所有这些都说明郑州商城作为商代前期王都是相称的[60]。

郑州商城为汤都之亳说提出之后，在考古界随即引起反响，有的学者提出异议，认为郑亳说是不能成立的。其理由如下：

一、郑亳说的文献根据不足。郑亳说所引用的文献并不能为"郑亳说"作证，《左传》中言及亳及薄（同亳）不止一处，何以见得汤都之亳必郑地之亳？再就是《左传·襄公十一年》所云之"亳城"，其确切地望难以确定，杜预并没有说亳城就在今天的郑州。如果说汤都之亳确在郑州，这样重要的地方为什么没有任何文献提到它，古来学者在考证古亳地望时也没有考虑到它，因此认为亳城乃京城之误。

二、以郑州商城所出东周陶文证明郑州商城为汤都亳有些牵强。这批陶文作古亳地名有讲不通之处，亦很难说是都邑的名称。有形似"亳"字之陶文亦未必与古亳有关。陶文"亳"字不只郑州才有，山东等省所出更似"亳"字。郑州所出那些似"亳"陶文未必就是"亳"字，说它"京"或"亭"字也可以。战国陶文的地名中有"亭"和"里"字，它与陶业有直接关系。白家庄所出陶文亦有二"亭"字、二"里"字，亦当与陶业有关。

三、郑亳说对汤亳的邻国及其地望的安排并不合理。其中把韦国安排在汤都亳附近就不太妥当。作为敌国都城韦，不可能深入商的势力范围内，更不可能在汤亳附近。

四、在文化分期断代上，将原来以偃师二里头三、四期作为商代早期改为以郑州二里冈期作为商代早期，推翻了旧说的证据找不出来。郑亳说的前提，即把郑州二里冈期定为商代早期本身就有不少难以解决的矛盾，主要表现在年数不够，与考古及历史实际均不相符[61]。

对郑亳说的异议，自然不可能使郑亳说倡言者所接受，于是就引发一场辩论。在这场辩论中，有的学者对郑亳说表示赞同和支持，有的则表示反对，坚持郑州商城隞都说，并作进一步的辩护。这场辩论，表面上是对郑州商城的性质即亳都说与隞都说之争，实际上亦涉及二里冈期文化年代与二里头文化年代及二里头遗址性质之争。郑亳说的确立，确定了二里冈期商代文化是早商文化，而不是中商文化，从而也否定了二里头文化三、四期是早商文化以及二里头遗址是汤都西亳之说。维护郑州商城隞都说，实际上亦是对二里冈期文化属中商文化，二里头三、四期文化是早商文化，二里头遗址是汤都西亳的维护，两者之间有直接的关系。这场辩论，双方虽然各自坚持自己的观点，但无疑推动了对郑州商城和二里冈期文化年代以及二里头文化和二里头遗址性质的深入研究。

在这场辩论中，我是赞同郑亳说的，觉得郑亳说的理由是比较充分的，根据是可靠的。

郑亳说既有文献根据，又有东周陶文佐证。在郑州商城所出的东周陶文"亳"，似应释"亳"为宜，应是地名标记。河南所出的春秋战国陶文多属地名印记，在登封告城出土的"阳城仓器"、荥阳出土的战国陶文"荥阳廪陶"即其证。据此，郑州商城出土的东周陶文"亳"亦当是地名，"亳"字陶文在郑州商城出土，说明杜预所说"亳城，郑地"言之有据。

郑州商城的年代应属早商。据^{14}C测定并经树轮校正，郑州商城城墙的年代为公元前1620年至前1595年。这些年代数据说明，郑州商城及其文化的年代应属早商。过去认为郑州二里冈期商文化属中商的看法，是依据地层和器物类型学的研究而确定的，其前提二里头文化是商代早期文化，似有必要重新考虑。

郑州商城的考古发现亦与汤都亳的历史相合。从文献记载看来，商代早期是商王朝在政治、经济上都处于强盛的时期，郑州商城的考古资料亦反映出其在政治上的强盛与文化上的繁荣。城墙建筑规模之雄伟，大型青铜重器的发现，都是政治上强盛的象征。各种手工业作坊的建立和已具规模，尤其是铸铜业的发展，大量青铜器、玉器的发现，以及奴隶主贵族随葬青铜器之多，都反映出经济、文化之繁荣。这些情况说明，郑州商城的考古发现与早商王朝的历史是吻合的。

此外，商代二里冈期文化在全国各地都有影响，在湖北、江西、陕西、河北乃至北京都有二里冈期铜器发现。这种影响与早商王朝在政治、经济和文化上的强盛有关。在商汤建立奴隶制王朝以后，早商王朝在方国诸侯中享有崇高的威望，"自彼氐羌，莫敢不来享，莫敢不来王"。郑州二里冈期商代文化在各地产生了强烈影响。

但是，如果说二里冈期文化是中商文化，郑州商城是仲丁之隞都，则商文化在各地的影响就与中商时代的历史产生矛盾。因为，商王朝自仲丁以后，开始出现政局不稳。《史记·殷本纪》记载："自中（仲）丁以来，废适而更立诸弟子，弟子或争相代立，比九世乱，于是诸侯莫朝。"这样动乱的政治局面会直接影响到各地方国诸侯对商王朝的朝贡，因此，中商文化自然不可能对方国诸侯产生强烈影响[62]。

正是基于上述认识，我们赞同郑州商城亳都说。

现在，对于郑州商城的性质，在考古界仍然存在隞都说和亳都说两种观点。但是，这两种观点中，亳都说已获得愈来愈多的学者肯定。今后，通过进一步深入研究，或许能够取得比较一致的认识。

（九）小双桥商代遗址的内涵和性质

小双桥商代遗址位于郑州市西北部的邙山地区。该遗址是1990 年发现的，经过发掘，发现其文化内涵比较丰富，而且有不少重要文化遗存，因此引起考古界的重视。由于该遗址内含有重要文化遗存，该遗址的性质就成为学者们所关注的问题。

1. 小双桥遗址的文化内涵

小双桥遗址内含的重要文化遗存在 80 年代后期就曾经露头。1985 年，当地村民在该地取土时挖出 1 件大型青铜饰件。由于用途不明，未引起有关部门的重视。1989 年，当地村民又挖出 1 件相似的青铜饰件，这才引起文物部门的重视，遂于1990 年对该遗址进行调查试掘。

在调查试掘中取得了重要发现。主要发现了大型夯土建筑基址、壕沟、石磬、石圭、石柱础、原始瓷器和一些铜兵器，而且弄清了村民所挖出的2件大型青铜饰件是从壕沟内挖出来的。根据试掘的地层和出土的陶器，初步确定小双桥遗址的文化年代为商代二里冈上层期偏晚的白家庄期[63]。

小双桥遗址出土的2件大型青铜饰件形制基本相同，呈正方形，两侧面中间各有一长方形孔，器物正面饰饕餮纹，两侧面长方形孔四周各饰一组龙虎搏象图。饰件一大一小，大的重8.5公斤，小的重6.5公斤。古建专家认为，该饰件应为王室重器，推测它是安装在宫殿正门两侧枕木前端的装饰性饰件，从结构形制可推断该建筑规模宏大，非商王莫属[64]。由于小双桥遗址有大型夯土基址的发现，而且有宫殿建筑上使用的大型青铜饰件出土，说明该遗址有宫殿建筑遗存，因而引起考古界的关注。

1995年春，小双桥遗址又进行了较大规模的发掘，发现的文化遗存更为丰富。这次发掘，新发现夯土建筑基址3处、祭祀坑10多个，还发现铸铜遗物以及青铜器、玉器、绿松石饰、原始瓷器和朱书陶文等重要遗存，并且出土大量陶器、石器、骨器等[65]，从而使小双桥遗址的文化内涵获得进一步的了解和认识。

根据调查发掘，小双桥遗址的面积约为144万平方米，中心区的面积有15万平方米。遗址内涵比较丰富。

已发现的夯土建筑基址有4处。其中1995年发现的3处，面积最大的残长50余米，残宽10余米。在夯土基址上有柱槽、柱洞和柱石发现，数量不等。在夯土基址附近还采集到20余块经过加工的扁平大石块，石块有一定的形状和加工痕迹，估计是当地村民在夯土基址上挖土时取出的柱础石。这些夯土基址的发现，说明小双桥遗址内有成组的宫殿建筑群。

祭祀坑有大有小。坑内多埋有黄牛头骨和角，个别坑内则埋有人头骨和人骨架，有的埋狗骨架。每个坑内所埋的黄牛头骨和角的数量不等，最多者有30头牛以上，最少的为一头牛的头骨或牛角。已发现的牛头骨和牛角总数达60头牛以上。在大坑内，除埋有大量牛头骨和牛角外，还有狗、猪、鹿、象、鸟、鸡的骨骼及牙、角等。坑内堆积中，还出土铸铜遗物以及玉饰、绿松石饰、小件铜器、原始瓷片和石器、陶器等。

铸铜遗物有熔炉壁残块、炼渣、残陶范、孔雀石块以及厚胎陶缸片、烧土块和炭屑等。熔炉壁残块上有的粘有铜液残迹。陶缸片上有的粘有铜渣。孔雀石出土数量有上百块，总重量达5千克。这些铸铜遗物的发现，说明小双桥遗址应有铸铜作坊遗址。

小双桥遗址出土的青铜器，除2件大型青铜饰件外，还有铜爵、铜斝之类礼器的残片和铜簪、铜钩、铜镞、铜泡、小件铜饰件及较多的铜片。其中铜簪出土最多，大型青铜饰件是商代遗址中的首次发现，铸造工艺精美。

玉器出土不多，只有一些小件玉片饰。绿松石饰出土较多，其中有片饰和珠饰。原始瓷器均为残片，辨其器形有尊和瓮两种器物。朱书陶文已知有8个字，是用朱红书写在陶缸表面，经古文字学家的辨认，认定其应是文字。

小双桥遗址出土的陶器、石器、骨器不少。其中陶器种类有鬲、甗、罐、缸、瓮、盆、豆、簋、爵、斝、大口尊等。其形制、纹饰与白家庄期陶器相同。石器中最重要的是出土了许多长方形穿孔三刃石器，这类石器此前在商代遗址中未见过。

小双桥遗址包含有重要文化遗存，尤其是宫殿建筑基址的发现，说明它是商代一处重要的都邑遗址。小双桥遗址的重要性有三点：一是遗址的面积大，内涵丰富，说明它决非一般的聚落遗址；二是遗址的地理位置重要，它正处于文献所载商王仲丁的王都地望内；三是其文化年代与郑州商城的废弃年代衔接，这对探讨该遗址的性质提供了年代依据。因此，小双桥遗址的发现有其重要意义，可以说是商代考古又一次取得的突破性进展。

2. 小双桥遗址性质探讨

小双桥遗址发现后，即引起考古学界的重视。有的学者根据小双桥遗址有宫殿建筑基址等重要遗存和该遗址的地理位置处于文献所记载的隞都地望内，认为小双桥遗址很可能是商代仲丁之隞都[66]。有的学者则认为小双桥遗址很可能是与郑州商城有密切关系的"商代王室的祭礼场所，也可能是一处离宫别馆"[67]，或认为"小双桥遗址应为商代王族祭祀祖先的祖庙所在"。

从小双桥的考古实际来看，如果认为它是与郑州商城有密切关系的宗庙祭祀场所或离宫别馆，那是解释不通的。作为与郑州商城有密切关系的商代王朝宗庙，理应建在郑州商城之内，而不应建在远离郑州商城几十里之外的小双桥。且小双桥遗址的年代属白家庄期，与郑州商城的废弃年代相同。作为郑州商城附属的宗庙，亦理应建于郑州商城的始建年代或使用期间，而不应建于郑州商城的废弃年代。因此，从小双桥遗址的地理位置和年代上来看，把它视为与郑州商城有密切关系的宗庙祭祀场所，是根本说不通的。说它属于郑州商城的离宫别馆，同样在年代上解释不通。作为郑州商城的离宫别馆，亦应与郑州商城的使用年代相当而不应在郑州商城废弃之时才营建。

根据小双桥遗址的考古实际分析，它应该是隞都故址，理由主要有如下四点：

一、小双桥遗址的内涵已具备都邑遗址的条件和性质。该遗址有宫殿建筑基址、祭祀遗存、铸铜遗物以及青铜器、玉器、象牙器、石磬、石圭、原始瓷器和朱书陶文等重要遗存的发现，而这些重要文化遗存当是属于商代奴隶主贵族在政治、经济和文化生活中的遗迹遗物，这表明小双桥遗址当是商代奴隶主贵族的重要活动场所。宫殿建筑是都邑的重要标志，《左传·庄公二十八年》云："凡邑，有宗庙先君之主曰都，无曰邑。"小双桥遗址发现有宫殿建筑基址，说明它决不是一般的村落遗址，很可能是都邑遗址。

二、小双桥遗址的地理位置与文献记载的隞都地望相合。关于隞都的历史，文献上有不少记载，古本《竹书纪年》云："仲丁即位，元年，自亳迁于嚣"。《史记·殷本纪》则曰："帝中（仲）丁迁于隞"。《史记索隐》："隞亦作嚣，并音敖字"。据此，隞、嚣实为一地。隞都的地望，文献上有不同说法，其中最有影响的是河南敖仓说。《水经注·济水》："济水又东迳敖山北，《诗》所谓'薄狩于敖'者也。其山上有城，即殷帝仲丁之所迁也。皇甫谧《帝王世纪》曰仲丁自亳徙嚣于河上者也。……秦置仓于其中，故亦曰敖仓城也。"后人多信从此说。

仲丁迁于隞，不能简单地理解为迁于敖山上。仲丁迁隞，应该是迁于敖地，敖地与敖山当有密切关系，敖山周围地区即属敖地，在敖地内建都，就有隞都之称。古之敖山，即今之邙山，因此，今之邙山周围地区也就是古之敖地。

据调查，在邙山周围地区有不少商代遗址分布，有的遗址还出有青铜器，说明这一地区是商人的重要聚居地，它当是文献所记载的敖地。而具有都邑遗址条件和性质的小双桥遗址正好处于敖地的范围之内，因此其位置与文献所记载的隞都地望相合。

三、小双桥遗址的年代与郑州商城的废弃年代衔接。小双桥遗址的年代属商代白家庄期，郑州商城的废弃年代亦属白家庄期，两者的年代前后衔接。依据郑州商城亳都说，小双桥遗址亦具有都邑遗址的条件和性质，且其地理位置又处于隞都的地望内，因此，郑州商城的废弃年代与小双桥遗址的年代前后衔接，两者之间的关系就构成一废一兴的关系。这种关系，与仲丁自亳迁隞的关系亦相合。再者，小双桥遗址的文化年代属白家庄期，延续时间不长，隞都的历史年代亦比较短。隞都的历史只经过仲丁和外壬两王。据今本《竹书纪年》记载，仲丁在位九年，外壬在位亦只有十年，两王在位合计约 20 年左右。因此，隞都所经历的年代较短，亦与小双桥的商文化延续时间不长相合。

四、小双桥遗址包含有岳石文化因素，与此相关的是，在岳石文化分布地区发现了白家庄期商文化叠压在岳石文化层之上的地层。这种关系，反映出两者之间有战争的信息，而这一战争信息，很可能是商代仲丁伐蓝夷这一历史的反映。

小双桥遗址内含的岳石文化因素，是 1995 年发掘时发现的。在这次发掘中，发现该遗址出土的陶器有部分与郑州商代遗址所出的陶器特征不同，很明显地具有岳石文化陶器特征，尤其是出有不少方形穿孔三刃石器，这类石器正是岳石文化的典型石器。这就说明，在小双桥遗址中含有岳石文化因素。

与此相关的是，在岳石文化分布的鲁西南地区的一些遗址内均发现白家庄期商文化层叠压在岳石文化层之上的地层。这种现象反映出白家庄期商文化已伸入岳石文化分布区，并取代了从山东龙山文化之后发展起来的岳石文化，成为当地的主体文化。

小双桥遗址出现的岳石文化因素和岳石文化分布区发现白家庄期商文化取代岳石文化的现象，很可能是两者之间经过战争的结果。小双桥遗址出现的岳石文化因素，是白家庄期商人对岳石文化的主人进行战争带来的。其中长方形穿孔三刃石器具有较高的杀伤力，很可能是一种武器，或许是商人对岳石文化主人进行的战争中缴获来的战利品。在小双桥遗址发现的祭祀遗存亦可能与战争中的祭祀有关。而在鲁西南地区发现白家庄期商文化取代岳石文化的现象，则很可能是商人在白家庄期对岳石文化的主人进行战争后取得了统治地位，因而使商文化取代了岳石文化成为主体文化。

这种战争信息很有可能是商代仲丁伐蓝夷的历史的反映。据文献记载，商代前期商王朝对外族的战争，主要是仲丁伐蓝夷。《竹书纪年》云："至于仲丁，蓝夷作寇"，"仲丁即位，征于蓝夷"。岳石文化的性质属东夷文化，因此，小双桥遗址内含有岳石文化因素和岳石文化被白家庄期商文化所取代的关系及其所反映的战争性质，有可能正是仲丁伐蓝夷历史的反映。这些现象，亦有助于说明小双桥遗址是仲丁之隞都。

根据以上四条理由，小双桥遗址当是隞都故址[68]。

注　释

［1］河南省文化局文物工作队：《郑州二里冈》，科学出版社1959年版。

［2］安志敏：《郑州市人民公园附近的殷代遗存》，《文物参考资料》1954年第6期。

［3］河南省文化局文物工作队第一队：《郑州白家庄遗址发掘简报》，《文物参考

资料》1956 年第 4 期。

[4] 赵霞光：《郑州南关外商代遗址发掘简报》，《考古通讯》1958 年第 2 期；河南省博物馆：《郑州南关外遗址的发掘》，《考古学报》1973 年第 1 期。

[5] 河南省文物研究所：《郑州洛达庙遗址发掘报告》，《华夏考古》1989 年第 4 期。

[6] 邹衡：《试论郑州新发现的殷商文化遗址》，《考古学报》1965 年第 3 期。

[7] 河南省文化局文物工作队第一队：《郑州商代遗址的发掘》，《考古学报》1957 年第 1 期。

[8] 安金槐：《试论郑州商代遗址——隞都》，《文物》1961 年第 4、5 期合刊。

[9] 邹衡：《夏商周考古学论文集》第 105~111 页，文物出版社 1980 年版。

[10] 高煦：《略论二里冈期商文化的分期和商城年代——兼谈与二里头文化的关系》，《中原文物》1985 年第 3 期。

[11] 安金槐：《关于郑州商代二里冈期陶器分期问题的再探讨》，《华夏考古》1988 年第 4 期。

[12] 河南省博物馆等：《郑州商代城遗址发掘报告》，《文物资料丛刊》第 1 辑，文物出版社 1977 年版。

[13] 安金槐：《对郑州商城"外夯土墙基"的看法》，《郑州商城考古新发现与研究》第 1~5 页，中州古籍出版社 1993 年版。

[14] 同 [12]。

[15] 陈旭：《郑州商文化的发现与研究》，《中原文物》1983 年第 3 期。

[16] 河南省文物研究所：《郑州商城内宫殿遗址第一次发掘报告》，《文物》1983 年第 4 期。

[17] 陈旭：《郑州商城宫殿基址的年代及其相关问题》，《中原文物》1985 年第 2 期。

[18] 河南省博物馆：《郑州商城遗址内发现商代夯土台基和奴隶头骨》，《文物》1974 年第 9 期。

[19] 郝本性：《试论郑州出土商代人头骨饮器》，《华夏考古》1992 年第 2 期。

[20] 宋国定：《1985~1992 年郑州商城考古新发现综述》，《郑州商城考古新发现与研究》第 48 页，中州古籍出版社 1993 年版。

[21] 曾晓敏：《郑州商代石板蓄水池及相关问题》，《郑州商城考古新发现与研究》，中州古籍出版社 1993 年版。

[22] 同 [17]。

[23] 河南省文物研究所：《郑州商代二里冈期铸铜基址》，《考古学集刊》第 6 辑，

中国社会科学出版社 1987 年版。

[24] 陈旭：《郑州商代铸铜基址的年代及相关问题》，《中原文物》1992 年第 3 期。

[25] 同〔7〕。

[26] 河南省文物研究所：《郑州市商代制陶遗址发掘简报》，《华夏考古》1991 年第 1 期。

[27] 安金槐：《介绍郑州发现的古遗址和商代墓葬概况》，《文物参考资料》1954 年第 5 期。

[28] 郑州市文物组：《郑州人民公园第二十五号商代墓清理简报》，《文物参考资料》1954 年第 12 期。

[29] 河南省文化局文物工作队第一队：《郑州白家庄商代墓葬发掘简报》，《文物参考资料》1955 年第 10 期。

[30] 河南省文物研究所：《河南考古四十年》第 195 页，河南人民出版社 1994 年版。

[31] 郑州市博物馆：《郑州市铭功路西侧的两座商代墓》，《考古》1965 年第 10 期。

[32] 同〔30〕。

[33] 杨育彬：《近年来在郑州新发现的商代铜器》，《中原文物》1982 年第 2 期。

[34] 王彦民：《郑州二里冈发现一座商代墓》，《中原文物》1982 年第 4 期。

[35] 河南省文物研究所：《郑州北二七路新发现三座商墓》，《文物》1983 年第 3 期。

[36] 同〔31〕。

[37] 同〔35〕。

[38] 同〔10〕。

[39] 同〔26〕。

[40] 同〔12〕。

[41] 同〔7〕。

[42] 河南省博物馆：《郑州新出土的商代前期大铜鼎》，《文物》1977 年第 6 期。

[43] 河南省文物研究所等：《郑州新发现的商代窖藏青铜器》，《文物》1983 年第 3 期。

[44] 河南省文物研究所等：《郑州商代铜器窖藏》，科学出版社 1999 年版。

[45] 陈旭：《郑州杜岭和回民食品厂出土青铜器的分析》，《中原文物》1986 年第 4 期。

[46] 同 [45]。

[47] 同 [44]。

[48] 同 [43]。

[49] 同 [45]。

[50] 同 [43]。

[51] 安金槐：《对郑州商代二里冈期铜容器分期问题的初步探讨》，《中原文物》1992 年第 3 期。

[52] 李京华：《郑州商代窖藏铜方鼎拼铸技术试探》，《郑州商代铜器窖藏》第 124 页，科学出版社 1999 年版。

[53] 同 [12]。

[54] 同 [15]。

[55] 同 [17]。

[56] 陈旭：《郑州商代王都的兴与废》，《中原文物》1987 年第 1 期。

[57] 同 [8]。

[58] 刘启益：《"隞都"质疑》，《文物》1961 年第 10 期。

[59] 邹衡：《郑州都城即汤都亳说》，《文物》1978 年第 2 期。

[60] 同 [9]，第 184～203 页。

[61] 石加：《"郑亳说"商榷》，《考古》1983 年第 3 期。

[62] 同 [15]。

[63] 河南省文物研究所：《郑州小双桥遗址的调查与试掘》，《郑州商城考古新发现与研究》，中州古籍出版社 1993 年版。

[64]《郑州发现商代前期宫殿基址》，《光明日报》1991 年 11 月 26 日第 1 版。

[65] 河南省文物研究所等：《1995 年郑州小双桥遗址的发掘》，《华夏考古》1996 年第 3 期。

[66] 陈旭：《商代隞都探寻》，《郑州大学学报》（哲学社会科学版）1991 年第 5 期。

[67] 杨育彬：《郑州商城考古新发现与研究》第 5 页，中州古籍出版社 1993 年版。

[68] 陈旭：《郑州小双桥遗址即隞都说》，《中原文物》1997 年第 2 期。

四　偃师商城的发掘与研究

偃师商城位于偃师县城区西部,地处洛河北岸,与二里头遗址东西相对,两者相距约 6 公里。城址中部有一条低凹地带东西横贯,相传为尸乡沟,故这座城址又有尸乡沟商城之称。

这座城址埋于地下,深约 1～4 米。1983 年春因基建工程占地,由中国社会科学院考古研究所洛阳汉魏故城工作队进行钻探后发现。经过全面钻探,已探出城墙夯土墙基,查明了城址的规模,而且在城址内还钻探出纵横交错的大道和几处夯土建筑基址,确认它是一座商代城址。一座湮没了三千多年的古城终于被发现了(图一四)。

偃师商城发现后即进行了发掘。在城址内发现了宫殿建筑基址、池苑、墓葬等遗迹,出土的遗物有青铜器、玉器、陶器、石器、骨器等,有重要的文化内涵。对城址的年代与性质等问题亦进行了研究,并已有了基本的认识。

(一) 偃师商城的面积和城墙建筑规模

据 1983 年春的钻探和试掘,偃师商城平面略呈长方形。南北长 1700 余米,东西宽不等,最北部为 1215 米,中部为 1120 米,南部为 740 米[1]。当时只探出东、北、西三面城墙和西北、东北两城角。1991 年又探出了南面城墙。四面城墙均为夯土墙,保存的墙体厚度不等。

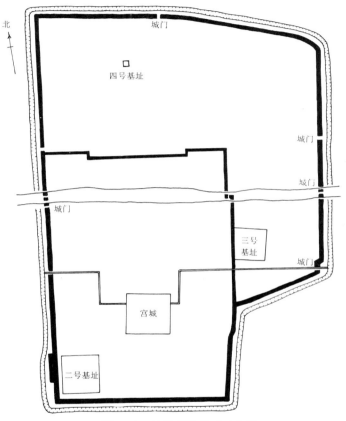

图一四　偃师商城平面示意图

西城墙现存长 1710 米，宽一般为 14～17 米。城墙的南段厚 1.5 米，北段厚 3 米以上，距地表深 1～4 米。

东城墙现存长 1640 米，宽一般为 20～25 米。最南端破坏严重，宽仅 10 米左右。北部夯土厚约 1.3～1.8 米，最南段仅残存 0.3～0.5 米，距地表深 1～2.8 米。

北城墙长 1240 米，宽一般为 16～19 米，最宽处达 28 米。夯土厚为 2～3 米，距地表深 2.8～3.6 米，其中东段距地表深 2.8 米，中段和西段距地表深 3.2～3.6 米。

南城墙全长 740 米，紧贴现洛河北堤。中段城墙保存较好，墙体宽 18 米，基槽上部保存有 0.5 米高的墙体[2]。

城墙夯土多为酱红色掺黄灰土，夯筑坚实。惟东城墙的夯土为黄褐土，土质稍软，夯筑不甚坚实。

在四面城墙上都作了解剖发掘。共开挖探沟 9 条，其中西城墙 3 条，东、南、北面城墙 2 条。通过发掘，得知城墙的建筑结构系由墙体和墙基构成，墙体下部有附属堆积，或称护城坡。

城墙的地层据东西两面城墙堆积分五层：第一、二层为耕土和沉积层，第三层为汉代文化层，第四层为商代文化层，第五层的时代未作出明确断定。

在第四堆积层内压有 2 个灰坑 H1 和 H2。文化层和灰坑内出有陶片，器形有折沿长腹罐、大口尊、斝等，具有浓厚的二里冈上层器物特征，其年代应相当于二里冈上层期。但 H2 出土的大口尊，其延续时间似比二里冈上层期更长一些。

第五层堆积，在城墙内侧压在第三、四层堆积之下，在城墙外侧则直接为第三层所压，其下叠压着城墙的附属堆积。出土的陶片质软易碎，器形有三角形鼎足、三足盘、豆、盆等，纹饰有细绳纹、弦纹和模印饕餮纹，有的内壁施"麻点"，其时代不易确定，年代显然比二里冈上层要早。

城墙墙基有基槽，口大底小。口宽 18.35 米，底宽 17.7 米，深 0.6～0.9 米，内填夯土。墙体现存高 1.7～1.85 米。城墙夯土总厚度为 2.6 米，夯筑坚实，夯层平直清晰，每层厚约 8～13 厘米，排列无序，且多重叠。直接打在生土层上的"底夯"的夯窝密度小，排列亦无规律，但罕见重叠夯窝，直径为 4～5 厘米。

夯层内出土一些陶片。器形有鬲、豆、刻槽盆等，纹饰有细绳纹、篮纹、弦纹、附加堆坟和模印饕餮纹等，并以细绳纹为主。年代晚的稍晚于二里头四期，亦有二里头早期的遗物。

在城墙墙基内外两侧均有附属堆积，土质坚硬，表面平整。分三层：中、上层叠压在城墙墙基部分夯土上，出陶片少，年代不明；下层堆积的高度与城墙墙基部分夯土一致，出有一些陶片，器形有鬲、斝、尊、高领罐、大口尊、卷沿盆等，纹饰有细绳纹、弦纹、附加堆纹，有的内壁施"麻点"。多数陶片的年代较早，少数可晚至二里冈期。

根据城墙发掘的地层和出土的陶器判断，偃师商城的建筑时代应属商代二里冈期。这座城墙建成后，还曾经过修建和修补，主要表现在北城墙和夯土顶部以下高约 1 米的断面上，其左右两半边的夯土土色截然不同，夯痕亦不同，夯层上下相错。这些现象，被认为是经过修建和修补的痕迹。

在四周城墙外有壕沟或护城河围绕。城壕口宽约 20 米，深约 6 米。口宽底窄，外侧坡度较陡，内侧坡度较缓。在城壕与城墙之间为高 12 米的平坦之地。[3]

在城墙上钻探出缺口 7 处，其中东、西城墙各 3 处，北城墙 1 处。这些缺口有人称为城门。后经发掘，确定东西城墙上的 4 处缺口并非城门，除发掘的西二城门和东一城门外，其余均为城墙遭后期破坏而形成的豁口。另外，在西二城门南约 590 米处又新发现一座城门，与东城墙的东一城门相对。由此推测，东城墙上应有两座城门，即东一城门的北侧还有一座城门与西城墙上的西二城门相对，后经钻探得到证实[4]。

依现有的发掘资料判断，偃师商城的城门应有 5 座，其中东、西城墙各 2 座，北城墙 1 座。已作过发掘的有 3 座，即西城墙的北门、南门和东城墙的南门。

西城墙北门（西二城门）于 1983 年秋发掘。门道长 16.5 米，与城墙夯土厚度相等，宽 2.3～2.4 米。门道两侧各有一条经过夯筑的窄墙，紧贴城墙两端，残高 0.9 米，宽 0.75～0.9 米。窄墙内有排列密集的木柱洞，洞底有柱础石。门道内有路土，厚 0.4～0.5 米，出城门分别向南北延伸，形成一条南北向的“顺城路”。城门两端发现有封堵墙，据此推测，这座城门经过一段时间使用后即被封堵。

西城墙南门的门道宽 3 米，西侧亦为木骨夯土墙，木柱下亦有柱础石。在门道下发现有石砌的排水道，穿出城门伸入护城河。

东墙南门的门道亦比较狭窄。城门之下有石砌的大型排水涵道，高、宽各为 2 米，上盖木板，水道通向宫城[5]。

通过三座城门的发掘，可知偃师商城城门的门道并不宽，门道内均有木骨夯土墙。这对研究当时城门建筑的形制结构和功能等问题提供了实际资料。

1997 年，在城区内的南部又发现一座小城，平面呈长方形，南北长 1100 米，东西宽 740 米。城墙宽 6～7 米，基槽较浅，深一般不足 0.5 米。东城墙和北城墙破坏严重，残存的夯土高度一般为 0.5～0.7 米。西墙和南墙保存较好，被夹在大城城墙中，留存墙体高 1.5 米左右。

在小城城墙外发现有壕沟，位于小城北墙中段东部城墙外侧。已发掘部分东西长 16 米，南北宽 2～2.5 米，深约 0.9

米。小城区外还发现有道路。

这座小城的面积不大，城墙的墙体亦不厚，基槽比较浅，夯土质量亦比较差，远不如大城坚固。

偃师商城的时代属二里冈期。它最早建筑的是一座面积约为 80 多万平方米的小城，后来又在小城的基础上扩建成一座面积达 190 万平方米的大城。小城的建筑工程比较草率，墙基浅，墙体亦不厚，夯筑亦不坚实。大城的建筑工程质量高，墙基深，夯筑坚实，比较坚固，且有护城坡和护城河，具有较强的防御功能。大城是在小城的基础上扩建的，在建大城时，利用了小城的西城墙和南城墙的墙体，将其加高加厚，成为大城的墙体，同时还保留了小城的东城墙和北城墙的墙体。直到偃师商文化第二期时，小城的北墙才夷为平地。至于小城与大城之间的关系，还有待于作进一步的研究。

（二）偃师商城的宫殿建筑基址

在偃师商城的钻探中，1983 年就钻探出 4 处夯土建筑基址，其中城区内南部探出 3 座，北部探出 1 座，编号为 1～4 号建筑基址。

一号夯土建筑基址位于城区南部中心区。四周筑有夯土围墙，其中北墙长约 200 米，东墙长约 180 米，南墙长约 190 米，西墙长 185 米，近方形，墙宽约 3 米。在围墙内普遍发现夯土基址，有的夯土基址覆盖在耕土层下，有的距地表深 1～1.7 米，夯土厚达 2.4 米。

二号夯土基址位于一号夯土基址的南部。由两块夯土基址组成，其中北边的基址长约 100 米，宽 20 米，南边的基址长约 90 米，宽 25 米，两者相距约 70 米。

三号基址位于一号基址的东北部，方形，长、宽各 140 米。夯土距地表深 1.2 米，厚 2.5 米。

四号夯土基址位于城区北郊，距北城墙约 180 米。长方形，南北长约 25 米，东西宽约 20 米。夯土距地表深 3.7 米，厚 1.2 米[6]。

在以后的钻探中，在城区南部的第二、三号夯土基址内，亦探出有围墙。因此，在偃师商城城区内，被认为有三座小城，其中居中的一号基址称为"宫城"，位于"宫城"西南和东北面的第二、三号基址则被认为是辅助建筑[7]。

从 1984 年开始即对夯土建筑基址进行发掘。在夯土基址的发掘中，在第一号夯土基址内发现一座宫殿建筑基址，编号为 D4，即第四号宫殿建筑基址。1985～1986 年在城区内的发掘中，又发现一座宫殿建筑基址，为第五号宫殿建筑基址。这两座宫殿建筑基址是迄今为止在偃师商城的发掘中发现的最重要的遗存。

1. 第四号宫殿建筑基址

第四号宫殿建筑基址是在第一号夯土基址内发现的。这座宫殿建筑基址位于"宫城"的东部，夯土基址平面呈长方形，东西全长 51 米，南北宽约 32 米。在这片夯土基址上，有殿堂、廊庑、庭院和大门组成的一组布局有序的宫殿建筑群。

殿堂位于"宫城"的北部，是宫殿建筑群的主体建筑。该殿堂有高大的台基，台基高出当时地面约 0.25～0.4 米，东西长 36.5 米，南北宽 11.8 米。在台基四边，有一周断断续续的圆形或椭圆形夯土墩，排列有序。夯土墩中心距台基边缘约 0.8 米。台基中部则发现有一段黄泥墙皮。靠近台基南部边沿的庭院地面上有四个料礓石砌的圆形小墩，排列在一条直线上。台基南边则有四个台阶，间距大致相等，平面呈长方形，长2.5米，宽2米，一般保留有三级台阶，下接庭院地面，上连台基表面，层层错叠。台阶两侧残留有直立的片状石块，可能是为维护台阶面而铺设的石面。

廊庑分布于殿堂的东、西、南三面。在庑址的外侧都发现有木骨夯土墙，内侧则有柱子洞，洞底往往都有柱础石。庑址均为长方形，其间都有夯土墙分隔成若干庑室。

大门开设于南庑中段，有门道。门道宽2.1～2.4米，门道地面是路土。在殿堂与东、西、南三面廊庑之间是广阔的庭院。

在宫殿建筑基址内还发现水井、排水沟。水井发现一口，位于宫殿建筑基址北面。排水沟发现于宫殿基址的东北、东南和南庑南面，都是用石块砌筑，其中南庑南面的排水沟是一条用石块、石板垒筑的地下排水涵道，全长近百米。

这座宫殿基址的建筑和使用年代，据地层和出土陶器断定属于或早于二里冈上层期。

宫殿基址的地层分四层：第一层为耕土层，第二层为近代层，第三层为汉代层，第四层为商代层。第四层堆积分布普遍，殿堂北、南、西三面的堆积较厚。殿堂的三面庑址和庭院均压在第四层堆积之下。在商代堆积层内，发现有灰坑、水井，出土物有铜镞、玉镞和陶器、石器、骨器等，其时代属二里冈上层期。据此断定，第四号宫殿基址的建筑年代和使用年代早于二里冈上层期[8]。

2. 第五号宫殿建筑基址

第五号宫殿基址位于"宫城"东南隅，北距第四号宫殿基址约 10 米。发现上、下两层建筑基址。[9]下层建筑基址后又改为第六号殿址。

上层宫殿基址平面呈长方形，东西长 107 米。在基址上亦发现殿堂和庑址 。

殿堂平面呈长方形，东西长 54 米，南北宽 14.6 米，台基高 0.1～0.3 米。四周有一排柱子洞或柱础石，其中北排保存 18 个，南排 12 个，东西两排各保存 3 个。柱础石均为天然石块，未经加工。据柱洞和柱石排列的位置看，殿堂四周原有一周回廊。

北庑址分居于殿堂东西两侧，西段长约 18 米，宽约 6 米；东段长 25 米，宽 7 米。基址南面有柱础石 7 个。北庑址的柱础石位置较正殿柱础石低。西庑基址总长 26.5 米，宽 6 米，有墙基和柱础石。东庑与西庑相仿，南庑址未勘察。

在建筑基址北边有一条石砌的东西向排水沟。庭院内则发现有 8 个狗坑，每坑埋狗一只。

下层基址平面呈方形。北边基址较宽，余三面较窄。上部结构已遭破坏，大部分只保存基础，残存有柱基槽和墙基。从平面形制和残存的墙基、隔墙等判断，下层基址似属廊庑类建筑[10]。

这座宫殿基址的地层比较复杂，共分 10 层：其中第一层至第三层分别为耕土、扰土和汉代文化层；第四层为五号宫殿上层建筑基址；第六层为商代文化层，内有 21 个灰坑打破下层基址院落地面，其中灰坑 H19 下压 H25 和 H26 两口水井；第七层为下层建筑基址；第八层为下层庭院土层；第九、十层为黄褐和红褐土层，其下为生土层。

根据这一地层断定，下层宫殿建筑基址的年代最早，其次是打破下层宫殿庭院的灰坑,上层宫殿建筑的年代较晚,叠压或打破上层建筑基址的文化层和灰坑的年代最晚。

在第六层商代文化层内的灰坑中,H19 灰坑出土的陶器年代断定属二里冈下层。其下压的两口水井中,H25 水井堆积分上下两层,上层出土的陶器年代断定其应属于二里冈下层偏早,下层出的陶器特征则与郑州南关外中层陶器相同,因此断定H25 水井下层堆积的年代与郑州南关外中层 H62 相近。据此确定,五号宫殿上层基址的建筑年代晚于二里冈下层,废弃年代为二里冈上层偏晚阶段。下层基址的废弃年代接近于南关外期中层,其建筑与使用年代应早于南关外期中层。但是,对第五号宫殿基址的建筑年代,也有人持不同的看法,留待后面说明。

偃师商城的第四号和第五号宫殿建筑基址,都分布在"宫城"的东南部,两者相距较近,只有 10 米左右。其建筑年代以第五号宫殿基址较早,第四号宫殿基址较晚。两者都有殿堂、廊庑和大门等一组建筑群,自成一系。这两座宫殿建筑基址之间究竟是什么样的关系,有待于进一步研究。据新的钻探资料,"宫城"内有五座大型宫殿建筑基址,居中的第一号宫殿最大,其余四个分布于第一号宫殿建筑基址的四角方向[11]。对这种布局,亦有待于作进一步的研究,以弄清各宫殿建筑基址之间的关系。

(三) 其他建筑遗迹和墓葬

在偃师商城的城区内除发现第四号和第五号两座大型宫殿建筑群外,还发现道路和被认为属仓廪或府库、池苑之类的建筑遗迹和一批墓葬,其中仓廪府库、池苑之类的建筑遗迹与宫殿建筑相关。

1. 城区内的道路和府库池苑

偃师商城城区内发现的道路，有大道、"马道"和小道。在1983年春的钻探中，就探出两条纵横交错的大道，一条东西向，一条南北向。东西向的大道，位于城区中部偏北，北距城墙约560米，路面宽8米，厚0.3米，已探出其长度600余米。南北向的大道，路面宽约9米，厚约0.3米，已探出的长度约380米，从北城墙的一处缺口穿过。这两条贯穿东西南北的大道，可能是城区内的主干道。

1983秋，在西二城门的发掘中，又发现一条"马道"。它位于西二城门内侧以南约4米处，全长约30米，东端与城内的东西向大道相连，已清理12.5米。路面下宽上窄，下宽4米，上宽3米[12]。但是，这条"马道"并不是道路，而是新发现小城城墙的墙基，属小城北城墙西段部分[13]。

1996～1997年春，在城区东北隅亦发现一条道路，称商都北路。路面垫有料礓石，而且还发现车辙痕迹[14]。

偃师商城城区内发现的道路，是商代都城遗址考古发掘中的首次发现，对研究古代都城内的道路建设和布局是很重要的一份资料。

池苑发现于1999年春。位于宫城北部，由一座人工挖的水池和两条水渠构成。水池是长方形，东西长约130米，南北宽约20米，深约1.5米，用石块垒筑。在水池的东西两端各有一条渠道与水池连通。据推测，西渠为注水渠道，东渠为排水渠道，两渠均用石块砌筑。西渠从宫城墙下穿出，从大城"西一城门"下通过，与城外护城河连接。东渠从宫城墙下穿过，从大城"东一城门"下通过，与城外护城河相通。现存石砌水槽一般宽约 0.4 米，高 0.5 米。池、渠总长约 1430 米。
据推测，这座水池有可能是属宫殿区的池苑，为商王室游乐的
场所。水池的使用年代，据打破水池的地层和池内出土物判
断，属偃师商文化的第 4 段至第 5 段[15]。

府库位于小城西南隅的第二号建筑群基址。据钻探资料，
在这片夯土基址上分布有排房建筑，约有 80 座以上，分南北
5 排，每排有 16 座左右。1991～1994 年的发掘中，揭示出排
房式建筑 15 座，基本上搞清了这些台形建筑的结构。这些排
房建筑，有人推测它可能是驻扎士兵之所，或者是存储兵器和
粮草的仓廪[16]。亦有人将第二号和第三号夯土建筑基址称为
与宫殿有关的府库。

1991～1994 年在第二号建筑群遗址发现的 15 座大型夯土
建筑基址中，F2004、F2005、F2008、F2009、F2010 这 5 座已作了
全面揭露，其余只发掘了一部分。这 15 座建筑基址分南北两
排，南排 6 座，北排 9 座。在建筑群内发现有围墙，建筑基址有
基槽和夯土台基，还发现墙、廊、路土及排水沟，墙为木骨泥墙，
墙外有廊。台基的面积颇大，长 20 余米，宽 6 米多[17]。

2. 城区内发现的墓葬

在偃师商城发现的墓葬，总数有 100 多座[18]，都是小型
墓。其中有一些墓葬随葬青铜器，有半数以上的墓随葬陶器。
绝大多数墓为单人葬，亦有一些合葬墓，一般是二人或三人的
合葬。葬式以直肢葬为主，亦有一些俯身屈肢和侧身屈肢葬。
墓的时代属二里冈下层或上层期。发现地点主要在东西城墙、
小城、宫殿建筑基址和城区东北隅等处。

随葬青铜器的墓约有四座。均只随葬少量的铜器，主要是
斝、爵之类的礼器，亦有兵器和工具，有的还有玉器。

1983 年秋, 在西二城门的发掘中发现墓葬 20 多座, 其中 M1 随葬有铜器和玉器。此墓有棺, 有腰坑, 随葬器物总数有 13 件, 其中铜器有斝、爵、戈、刀、镞各 1 件, 玉器 3 件, 余为陶器及卜骨[19]。这是迄今为止在偃师商城发现的随葬品最多同时亦是随葬铜器最多的一座墓。

1989 年在东城墙的发掘中, 亦发现一座铜器墓, 为 M3。此墓随葬有铜斝和铜爵各一件, 还有几件陶器[20]。

1996 年在城区东北隅的发掘中亦发现一座铜器墓, 出有一件铜爵[21]。

陶器墓都没有葬具, 亦无腰坑。随葬器物主要是陶器, 有的亦有骨器、玉器和蚌贝串饰。

1997 年春, 在小城的发掘中发现 20 多座墓, 全部为单人葬, 大多数仰身直肢, 个别墓为俯身直肢葬。大多数墓有随葬品, 多为陶器, 有的有蚌质工具、蚌贝组合串饰、骨器、玉钺等。随葬的陶器绝大多数在埋葬时已打碎, 少者一件, 多者有四五件。种类有鬲、簋、罐、爵、盂、豆、斝、瓮等。其组合或为单件鬲, 或为鬲、簋、盂, 或为鬲、簋、盆、罐, 或为鬲、簋、盆、爵、斝、豆, 或为鬲、簋、豆、瓮[22]。这些组合中, 一般以鬲、簋为主体, 再配以其他的器物, 这是商墓的一个特点。

（四）偃师商城的文化特征与分期

偃师商城出土的遗物, 主要是陶器、石器、骨器, 亦有一些青铜器。已发现的青铜器有铜斝和铜爵, 还有一些兵器和工具。偃师商城遗址内亦发现铸铜遗物, 在城区东北隅的发掘中，在三个灰坑内发现有木炭屑、陶范、铜渣等与铸铜有关的遗物[23]，说明这些铜器可能是当地铸造的。

在偃师商城出土的遗物中数量最丰富的是陶器，其文化面貌特征比较明显和清晰。

偃师商城出土的陶器中，泥质陶多于夹砂陶。陶色以深灰、灰褐和灰黑色为主，亦有浅灰和红褐色。纹饰以绳纹为主，亦有弦纹、同心圆纹，还有索状压印纹。器物种类有鬲、盆、罐、簋、大口尊、斝、爵、瓮、豆等，以鬲和盆多见。这些陶器的形制和纹饰基本上与郑州二里冈期陶器相同，但种类和形式不如郑州二里冈期陶器丰富。

偃师商城的商文化已进行了分期。主要依据城墙和宫殿基址发掘的地层及灰坑、墓葬的打破关系，以及出土陶器的变化作出分期。对于偃师商城的文化分期，认识并不完全一致，已提出的分期意见主要有两种：一种意见是分两期五段[24]，另一种意见是分三期六段[25]。此外，还有人提出可分三期七段[26]。

两期五段的划分是第一期分三段，即第Ⅰ、Ⅱ、Ⅲ段，第二期分二段，即第Ⅳ、Ⅴ段。各期段的具体地层和灰坑、墓葬等代表单位并未列出，主要把陶器的演变作了排列。主要器物有鬲、斝、甗、爵、豆、簋、深腹罐、深腹盆、折肩盆、大口尊几种，其中以鬲的变化比较典型，具有代表性。

第Ⅰ段的陶鬲有三型。共同点是形制以卷沿、尖唇、束颈为主。陶胎较薄，饰细绳纹，有的近似线纹。陶色以灰褐色为主，但不均匀，火候不高。

第Ⅱ段的鬲有二型。形体略胖，纹饰亦为绳纹，较粗，陶质较硬，火候高。颈内折棱明显，口沿的唇内侧有的出现凹槽。陶色多黑灰色。

第Ⅲ段的陶鬲形制同上段。其主要变化是卷沿下垂，内侧折棱明显，袋足较瘦，绳纹较粗。

第Ⅳ段的陶鬲有三型。共同的特征是形制为折沿方唇，沿面有凹槽，器表饰较粗的绳纹，颈部有的饰弦纹和单圈同心圆纹一周。

第Ⅴ段的陶鬲有三型。形制为折沿方唇，纹饰为颈部饰弦纹和双圈同心圆纹一周，腹下饰粗绳纹。

这两期五段文化的年代，据断定，第Ⅱ段至第Ⅴ段的陶器特征与郑州二里冈下层和上层陶器基本一致，一期Ⅰ段的年代大致与郑州二里冈 H9、南关外 H62 所代表的时代接近。

三期六段的划分，则每期均分二段，并确定了各期、段的文化层和灰坑、墓葬等代表单位。

第一期第一段的代表单位有宫城中灰土沟Ⅶ T23⑨B 层。第二段的代表单位有Ⅶ H51、H53～H57，第四号宫殿的第 6 层和西城墙 T1 的路土层（L2）及附属堆积等。本期文化的时代约相当于二里头第四期文化。

第二期第三段的代表单位有第五号宫殿的水井 H25、H26 下层，西二城门的 M18 等。第四段的代表单位有第五号宫殿的 H7、H9、H11、H12、H19、H21、H22 等灰坑和水井 H25、H26 上层，西城墙 T1 第五层，西二城门的 M7 等。本期文化年代约相当于二里冈下层之早、晚段。

第三期第五段的代表单位有第四号宫殿的第四层和第五层的 H11、H24、H25、H36、H37、H41、H42 等灰坑，西二城门的 M4、M5、M15、M16 等墓。第六段的代表单位有第四号宫殿的 M3、M12、H38 等墓和灰坑，第五号宫殿的 H1～H13、H29 等灰坑，西城墙 T1 第四层和 H1、H2 灰坑，西二城门 M12～M14、M17 等墓葬。本期的文化年代约相当于二里冈上层早、晚段。

这两种分期意见，共同点是主要的，差别只是个别的形式而已。共同点是两者基本上都把偃师商城的文化遗存的年代定为与郑州二里冈上、下层期的年代相当，都包括二里冈下层早、晚段和二里冈上层早、晚段。最早的年代相当于二里头文化四期或二里头四期晚段。而二里头文化四期的年代则与郑州南关外年代相当，早于二里冈下层期。

偃师商城的文化分期，关键是确定最早的年代和最晚的年代。从以上两种分期意见来看，在分期分段上的认识虽然有所不同，但对偃师商城内含的文化遗存和最早、最晚的年代的认识是基本一致的。

（五）偃师商城的年代和性质
及其与郑州商城的关系

偃师商城的时代，考古界的认识基本一致，都认为它属商代二里冈期，是早商城址。但是，对这座城址的始建年代和性质，则有不同的意见。这座城址的时代与郑州商城相同，因此两者之间有密切的关系。那么它们之间究竟是一种什么样的关系？这是一个值得探讨的问题。

1. 偃师商城的年代

偃师商城的年代，主要是依据城墙、西二城门和宫殿建筑基址发掘的地层来断定的。但是，发掘者提出的意见不尽一致，主要是对始建年代断定上有所不同。

在东、西两面城墙的发掘中，依据城墙地层和出土陶器，对偃师商城的年代作出了初步推定。这两面城墙的地层和出土陶器基本相同，其地层共分五层：第一、二层为耕土和沉积土层，第三层为汉代文化层，第四、五层为商代文化层。在第五层下压路土，路土又压城墙附属堆积下层和生土层。

在第四层商代文化层下压有两个灰坑 H1、H2。文化层和灰坑内出的陶片年代相当于二里冈上层，其中 H2 灰坑出土的陶片，其延续时间似比二里冈上层更长一些。

第五层文化层出土的陶片年代比二里冈上层要早。路土内出的陶片年代稍晚于二里头四期[27]。

根据东、西城墙发掘的地层和出土陶器断定，偃师商城的年代应稍晚于二里头文化四期，延续至二里冈上层期。所谓稍晚于二里头四期，也就是与郑州二里冈下层期的年代相当。

根据西城门的发掘结果，亦对偃师商城的始建年代作了推定。主要依据是城门附近的地层，在第二层下面叠压着二里冈上层墓，第三层下亦叠压着二里冈上层墓，而在 4B 层下，则叠压着二里冈下层墓。这些墓的墓口位于第三层和 4A、4B 层，但都打破或叠压城内的路土，由此推定城墙的建造年代早于这批小墓。按小墓的年代，最早属二里冈下层期，也就是说，根据西二城门发掘的地层断定，偃师商城的始建年代应早于二里冈下层期。后来，发掘者根据西二城门发掘的资料，提出"尸乡沟商城应建立于二里冈下层期之前，有可能属于二里头文化四期，但也不能排除始建于二里头文化三期的可能性"[28]。

第五号宫殿基址的发掘，对断定偃师商城的始建年代亦提供了重要依据。因为宫殿建筑是都城的重要标志，宫殿建筑的始建年代是断定偃师商城始建年代的重要因素。在第五号宫殿建筑基址中，发掘者断定下层基址的建筑与使用年代应早于南关外遗址中层。这样偃师商城的始建年代亦应与五号宫殿下层基址的建筑年代相当，即早于南关外遗址中层，大致与二里头文化四期年代相当。

但是，有的学者通过对东西两面城墙、西二城门和第五号宫殿基址发掘的地层进行具体分析后认为，依据东西两面城墙发掘的地层，断定偃师商城的始建年代晚于二里头文化四期，即始建于二里冈下层期是比较可靠的。以发掘者对西二城门和第五号宫殿建筑基址下层的年代的判断，来推断偃师商城的始建年代并不准确。

西二城门发掘的地层，年代最早的是路土层。但路土层未见公布有陶器，其年代不明。若依城墙发掘的地层，路土层内出土的陶片年代是稍晚于二里头四期，应相当于二里冈下层期。打破路土的墓葬，年代最早的是 M18，墓内出土的陶器年代则属二里冈下层偏晚。由此看来，墓葬与路土之间虽有打破关系，只是时间上稍有先后。因此，依据这一地层关系推断，偃师商城的始建年代属二里头文化四期并不确切，更不可能属二里头文化三期。

至于依据第五号宫殿建筑基址的年代来推断偃师商城的始建年代，亦同样不能说明它早于二里冈下层期。H25 水井下层出的陶器与二里冈下层偏早及南关外中层 H62 灰坑出土的陶器有明显的区别，而与郑州二里冈下层偏晚的陶器接近。因此，依据 H25 下层堆积的年代断定五号宫殿下层基址的建筑与使用年代应与二里冈下层偏晚的年代相当。这就是说，依据第五号下层宫殿基址的年代，推断偃师商城的始建年代亦属二里冈下层偏晚。

综合东、西城墙和西二城门以及宫殿建筑基址发掘的地层和出土的陶器，判断偃师商城应是始建于二里冈下层偏晚，使用期从二里冈下层偏晚至二里冈上层期，废弃于二里冈上层偏晚，即白家庄期[29]。

有的学者亦认为偃师商城的始建年代是在二里冈下层期，其理由是：尸乡沟商城从 1983 年发现以来，已正式发掘了西二城门、马道、第四号宫殿基址和附属设施以及城南灰土遗址等，面积已达数千米，出土器物绝大部分属于二里冈上层和下层，迄今尚未发现一处较大的二里头文化晚期堆积。综合历次发掘简报提供的地层资料和文化堆积情况，我们只能说尸乡沟商城的始建年代不会晚于二里冈下层，也不会早于二里冈下层，而只能在二里冈下层期[30]。

近年，根据在偃师商城东北隅北城墙发掘的地层和出土陶器，又对偃师商城的始建年代作出新的推断，认为偃师商城的初创是建立在二里头文化第二、三期遗址之上，建筑时间不可能早到二里头文化第三期。根据地层关系，可以断定本段城墙（指大城）始建于偃师商城第二期文化早段[31]。这一年代的断定，大概是依据偃师商城文化分期的三期六段之分而定的，按三期六段之分，则第二期文化早段的年代，被认为相当于二里冈下层期早段。

上面所说的偃师商城始建年代问题，是指大城的始建年代。至于小城的始建年代，根据小城城墙包夹在大城城墙内判断，似应早于大城。

对于偃师商城内的小城始建年代问题，发掘者已作出了断定。小城发掘的地层情况是：小城城墙叠压 G2，城墙及其附属堆积和城外道路则被 22 座商代早期墓所打破。据此认为，小城城墙的初始使用年代与 G2 上部堆积的形成年代应当最接近，当然也不会晚于大城城墙以及打破小城城墙及其两侧附属堆积和城外道路的时代最早的墓葬。

G2 是一条水沟。水沟内出的陶器明显具有偃师商城商文化第一期的特点，包括早、晚段的典型陶鬲，说明水沟废弃时间不晚于偃师商城商文化第一期晚段。据此推定，小城城墙的修建时间与初始使用时间应不晚于偃师商城商文化第一期晚段（相当于郑州二里冈 H9 所代表的时间）[32]。

对于小城年代的断定未必准确。从地层关系来看，G2 被小城城墙叠压，两者的早晚或先后关系明确，即 G2 早于或先于小城城墙，G2 内含物的年代也就应早于或先于小城城墙的年代，也就是小城城墙的年代不能早于 G2 的年代。因此，依据 G2 出土的陶器，判断小城的年代不会晚于偃师商城商文化第一期晚段就不一定准确。由此看来，断定小城年代上限还没有确切的依据，尚有待于新的发掘资料。

2. 偃师商城的性质

对于偃师商城的性质，考古界的认识并不一致，主要有两种不同的观点：一种意见认为，偃师商城是商汤所都的西亳；另一种意见则认为，它是商初太甲所放处的桐或桐宫，抑或是陪都。

偃师商城汤都西亳说认为偃师商城的时代属商代二里冈期，即早商，同时依据文献有关汤都西亳的记载，认为偃师商城的位置与西亳的地望相合。所据文献主要有以下数条。《尚书·商书序》云："汤始居亳，从先王居"。《尚书·立政》云："三亳阪尹"。《史记正义》引皇甫谧云：蒙为北亳，谷熟为南亳，偃师为西亳。《史记·殷本纪·正义》曰："汤即位，都南亳，后徙西亳也。"《汉书·地理志》河南郡偃师条下班固自注："尸乡，殷汤所都"。《水经注·汳水》引阚骃曰："汤都也，亳本帝喾之墟，在《禹贡》豫州河洛之间，今河南偃师城西二十里尸乡亭是也。"根据这些文献，因此认为历代西亳说者均明确指出西亳在偃师以西的尸乡沟一带，现在发现的商城不但正在偃师县西，而且恰有一条名叫"尸乡"的长沟从城址中部横穿而过，说明这座城址就是商汤所都的西亳[33]。

偃师商城太甲桐宫说亦认为偃师商城是早商城址，但对这座城址的性质则断定它是商初太甲所放处的桐或桐宫，亦引有文献记载为证。《史记·殷本纪·正义》汤崩条引《括地志》云："洛州偃师县东六里有汤冢，近桐宫"。《史记·殷本纪·正义》桐宫条云："《晋太康地记》云：'尸乡南有亳阪，东有城，太甲所放处也。'按：尸乡在洛州偃师县西南五里也。"唐人关于桐宫所在的两条记载，里数相近而方位不同。按《括地志》为初唐的疆域志，其时的偃师县或在今新砦村一带，故言县东。张守节乃开元时人，唐中期的偃师县曾迁至今老城镇，故云县西南。是二说当为一地。现今新发现的偃师商城恰在此方位内，且里数亦大体相符，因此认定它当即亳阪东之城，即太甲所放处桐宫。这个桐宫，亦即郑玄所言桐宫"地名也，有王离宫焉"[34]。

上述两种观点都有人赞同和支持。支持偃师商城桐宫说的学者认为，偃师位于伊洛平原，这里原是夏王朝的中心区，先秦文献记载颇多。二里头遗址曾发现大型宫殿及一批精美的青铜器和玉器等，说明它就是夏都遗址。既如此，其与汤都亳邑就不该在一地，《逸周书·殷祝解》云："汤放桀而复亳。"《吕氏春秋·慎大》云："伊尹奔夏三年，反报于亳。"《尚书·商书序》也说："伊尹去亳适夏，既丑有夏，复归于亳。"《史记·殷本纪》云："（汤）既绌夏命，还亳，作《汤诰》"。足知汉以前文献皆记夏都与商亳并不在一地。关于二地的相对方位，文献记载也比较明确，有不少文献说明夏都与商都的方位是一西一东。据此认为成汤并未在夏都的废墟上建立起自己的王都亳邑，偃师商城所在地望本身就决定着它不可能是汤都亳邑。它应是商人灭夏以后在这里建立的一座重镇，用以巩固商初西部边防并镇压夏人的叛乱，也可以称之为商王朝的别都。邹衡先生谓："成汤于下洛之阳所作的宫邑应即指此。成汤在灭夏之后作宫邑于此，显然是为了监视夏遗民，而并未都此，乃东还都亳。"其说甚是[35]。

　　赞同偃师商城乃汤都西亳的学者，除引用文献上有关西亳的记载作根据外，还认为，从历史发展看，偃师一带是夏王朝的腹心地区，商初出于政治上的需要，为了维护和巩固政权，为了镇抚夏王朝的残余势力，成汤在这里建新都是完全可能的。《诗·商颂·殷武》记："天命多辟，设都于禹之绩。"春秋齐器《叔夷钟》铭："虩虩成唐（汤），有严在帝所，专受天命，剪伐夏祀，败厥灵师，伊小臣惟辅，咸有九州，处禹之堵（土）。"《春秋繁露·三代改制质文》（卷七）记："汤受命而王，应天变夏作殷号，……作宫邑于下洛之阳，名相官曰尹。"这些记载，说明汤灭夏后确在夏王朝腹心之地又建新都。"[36]

　　对于偃师商城的性质，考古界虽然有不同的认识，但都肯定这座早商城址是商汤灭夏以后建立的，建立这座城址的目的是为了镇抚夏遗民的反抗。从城区内发现许多被认为是驻扎士兵的排房等情况看来，这座城址亦具有浓厚的军事色彩。因此，偃师商城的主要功能应该是属于军事方面。

3. 偃师商城与郑州商城的关系

偃师商城与郑州商城是同属于商代二里冈期的城址，东西并立，这两座城址之间究竟是一种什么关系呢？这两座城址之间的关系主要涉及年代关系与性质关系两个方面。

偃师商城与郑州商城的年代关系，主要是指这两座城址年代的早、晚关系。有的学者认为偃师商城的年代早于郑州商城，主要是依据偃师商城的始建年代属二里头文化的第四期，郑州商城的始建年代属二里冈下层期的断定。有的学者则认为郑州商城的年代早于偃师商城，主要是依据郑州商城的始建年代属南关外期，偃师商城的始建年代属二里冈下层期的断定。

偃师商城与郑州商城的性质关系，则是两者究竟是商代王都之间的关系，还是商都与陪都的关系问题。有的学者认为，偃师商城是汤都西亳，郑州商城是仲丁之隞都。依据这种观点，则偃师商城和郑州商城，应是不同时代的商代王都。有的学者则认为，郑州商城是汤都亳，偃师商城是桐宫或陪都，依据这种观点，则郑州商城与偃师商城应是首都与陪都的关系。

上述年代关系与性质关系是互相联系的。认为偃师商城的始建年代早于郑州商城的学者，有的人就认为偃师商城是西亳，郑州商城是隞都，认为郑州商城的始建年代早于偃师商城的学者，即认为郑州商城是汤都亳，偃师商城是桐宫或陪都。

从偃师商城和郑州商城的考古实际看来，两城之间的关系究竟哪一种比较符合考古的实际情况？我们认为应该是后一种说法比较符合。

偃师商城与郑州商城是属于同一时代的两座城址，即同属于商代二里冈期，而亳都和隞都则是属于不同时代的王都。因此，按偃师商城汤都亳、郑州商城隞都说这种关系，显然与偃师商城和郑州商城属同一时代城址的关系不相合。即使是偃师商城的年代早于郑州商城，偃师商城与郑州商城之间亦不可能是亳都与隞都的关系，因为亳都与隞都的年代相距有150多年之久，偃师商城与郑州商城年代的早晚，则不可能相差150多年。

若按郑州商城汤都亳与偃师商城桐宫或陪都说，则这种关系与郑州商城和偃师商城属同一时代城址的关系相合。因为亳都与桐宫或陪都都是早商的都城，郑州商城与偃师商城亦是早商城址，两者的关系相合。

但是，亳都与桐宫或陪都的关系是主次关系。亳都是首都，桐宫或陪都则不是首都，两者是有主次之分的。从郑州商城与偃师商城的考古实际来看，两者亦有主次之分，这就是郑州商城的规模大，文化内涵丰富，不仅发现大面积宫殿建筑基址，而且发现铸铜、制骨、制陶手工业作坊遗址和窖藏铜器以及一批铜器墓，出土的遗物亦有一批铜器，还有金器、玉器、象牙器、原始瓷器等。尤其是青铜器中还有大型重器，这显示郑州商城的规格相当高。偃师商城的规模则比郑州商城小，规格并不高，由此显示两者所处的历史地位是不同的，主次关系明显。这种关系，与亳都和桐宫或陪都的关系亦是相符的。

对偃师商城与郑州商城的关系分析说明，郑州商城亳都说与偃师商城桐宫或陪都说，是比较切合两者的考古实际的。

此外，亦有学者认为，偃师商城和郑州商城都是商代早期的都城，西亳说把偃师商城作为早商都城看待，而把同时兴衰的郑州商城作为商代中期的隞都看待，这在时代上明显存在着矛盾。因此主张把郑州商城和偃师商城都作亳都看待，"郑亳是汤本国的亳，西亳是'始屋夏社'的亳"，并把郑亳与西亳视为早商的"两京"[37]。

注　释

[1] 中国社会科学院考古研究所洛阳汉魏故城工作队:《偃师商城的初步勘探和发掘》,《考古》1984年第6期。

[2] 刘忠伏等:《偃师商城的发掘与文化分期》,《中国商文化国际学术讨论会论文集》第59页,中国大百科全书出版社1998年版。

[3] 中国社会科学院考古研究所河南第二工作队:《河南偃师商城东北隅发掘简报》,《考古》1998年第6期。

[4] 王学荣:《偃师商城布局的探索与思考》,《考古》1999年第2期。

[5] 同[2]。

[6] 同[1]。

[7] 赵芝荃等:《河南偃师商城西亳说》,《全国商史学术讨论会论文集》第404页,《殷都学刊》增刊1985年。

[8] 中国社会科学院考古研究所河南第二队:《1984年春偃师尸乡沟商城宫殿遗址发掘简报》,《考古》1985年第4期。

[9] 中国社会科学院考古研究所河南第二工作队:《河南偃师商城第五号宫殿基址发掘简报》,《考古》1988年第2期。

[10] 同[2]。

[11] 同[4]。

[12] 中国社会科学院考古研究所河南第二工作队:《1983年秋季河南偃师商城发掘简报》,《考古》1984年第10期。

[13] 同[4]。

[14] 同[3]。

[15] 《偃师商城发现商代早期帝王池苑》,《中国文物报》1999年6月9日第1版。

[16] 同[2]。

[17] 中国社会科学院考古研究所河南第二工作队:《偃师商城第Ⅱ号建筑群遗址发掘简报》,《考古》1995年第11期。

[18] 同[2]。

[19] 同[12]。

[20] 同[2]。

[21] 同 [3]。

[22] 中国社会科学院考古研究所河南第二工作队：《河南偃师商城小城发掘简报》，《考古》1999 年第 2 期。

[23] 同 [3]。

[24] 同 [2]。

[25] 赵芝荃：《论偃师商城始建年代问题》，《中国商文化国际学术讨论会论文集》第 55 页，中国大百科全书出版社 1998 年版。

[26] 中国社会科学院考古研究所河南第二工作队：《河南偃师商城Ⅳ区 1996 年发掘简报》，《考古》1999 年第 2 期。

[27] 同 [1]。

[28] 赵芝荃等：《偃师尸乡沟商代早期城址》，《中国考古学会第五次年会论文集》，文物出版社 1988 年版。

[29] 陈旭：《偃师商城第五号宫殿基址的建筑年代及其相关问题》，《中原文物》1991 年第 1 期。

[30] 李伯谦：《中国青铜文化结构体系研究》第 80 页，科学出版社 1998 年版。

[31] 杜金鹏等：《试论偃师商城东北隅考古新收获》，《考古》1998 年第 6 期。

[32] 同 [22]。

[33] 同 [12]。

[34] 邹衡：《偃师商城即太甲桐宫说》，《北京大学学报》（哲学社会科学版）1984 年第 4 期。

[35] 郑杰祥：《夏史初探》第 304~306 页，中州古籍出版社 1988 年版。

[36] 安金槐、杨育彬：《偃师商城若干问题的再探讨》，《考古》1998 年第 6 期。

[37] 许顺湛：《中国最早的"两京制"——郑亳与西亳》，《中原文物》1996 年第 2 期。

五 殷墟和灿烂的殷商文化

殷墟位于安阳洹水之滨的小屯村一带。它是商代后期的都邑遗址，距今已有三千多年的历史。殷墟的考古发掘，自1928年开始，至今已经历了半个多世纪，不仅弄清了遗址的范围和布局，而且发现了极为丰富的文化遗存，其中有宫殿宗庙建筑基址、王陵、大批祭祀坑和墓葬、手工业作坊遗址等重要遗迹（图一五），亦出土有极为丰富的遗物。尤其是出土的遗物中有大批甲骨文和精美的青铜器、玉器，由此展现出殷墟文化的灿烂，同时也显示殷商文明具有高度的水平。

（一）殷墟的年代与遗址的范围和布局

1．殷墟的年代

殷作为商代王都是从盘庚开始的。《史记·殷本纪·正义》引古本《竹书纪年》云："自盘庚迁殷，至纣之灭，七百七十三年，更不徙都。"据朱右曾《汲冢纪年存真》和泷川资言《史记会注考证》等的考证，所谓"七百七十三年"，实为"二百七十三年"之误。因此，殷作为商代王都经历了273年之久，涉八代十二王，是商代王都中年代最长的。

由于甲骨文的发现，尤其是经古文字学家对甲骨文出土地点的考证，确定河南安阳洹水之滨的小屯村一带应是殷都的所在地。30年代在小屯展开大规模的考古发掘，一举发现大面

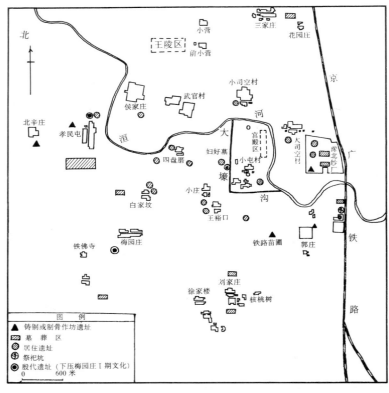

北

小营

王陵区
前小营

三家庄

花园庄

京

小司空村

侯家庄 武官村

河

洹

北辛庄

孝民屯

宫殿区

大

妇好墓 小屯村

大司空村

薛北纱厂

广

四盘磨

壕

小庄

沟

白家坊

王裕口

铁

铁佛寺 梅园庄

铁路苗圃

郭庄

路

徐家楼 刘家庄

核桃树

图　例

▲ 铸铜或制骨作坊遗址

▨ 墓　葬　区

◎ 居住遗址

⊕ 祭祀坑

◉ 殷代遗址（下压梅园庄Ⅰ期文化）

0　　　　600 米

图一五　安阳殷墟遗迹分布图

积的宫殿宗庙建筑基址和王陵等重要遗迹，还获得大批甲骨文
以及青铜器等遗物，因此，安阳小屯之为殷墟，已经获得学术
界的公认。

　　但是，近年来在殷墟的研究中，有的学者对殷墟的性质与
年代问题提出了不同的意见。

　　有人认为，帝乙、帝辛不在殷都，已徙朝歌。理由是纣居

朝歌有文献记载，而殷之朝歌即今之淇县，在淇县境内有关于纣王的传说，而且保存有不少生活遗迹。在安阳殷墟发现的卜辞中，亦见不到帝乙、帝辛的名谥，因此认为朝歌应为殷纣帝都[1]。

有人则提出殷墟不是殷都之说，认为安阳殷墟作为都城的条件和证据不足。理由是在殷墟没有找到城墙，也没有发现街道和宫城以及大型宫殿建筑，而都城和陵墓应有一定距离等，因此认为安阳殷墟只是商代后期（武丁—帝辛）的王陵区和祭祀场所[2]。

也有学者对殷墟的年代提出新的意见。认为安阳殷墟的历史年代，可能不是始于盘庚，而是始于武丁，盘庚、小辛、小乙三王建都的地点可能不在安阳。主要根据是，在安阳殷墟没有发现武丁以前的甲骨，在小屯北地发现的宫殿基址，其建筑时代亦始于武丁，迄于帝辛时期，侯家庄西北冈的大墓，亦都是武丁至帝乙、帝辛时期的，没有早于武丁的大墓。据此认为安阳殷墟作为都城，不是始于盘庚，而可能始于武丁[3]。

对上述意见，亦有人提出异议。

关于殷都朝歌的问题，有人则认为帝乙、帝辛时期未迁都。理由是《竹书纪年》是战国时期魏的著作，所记史料基本真实可靠。《史记·殷本纪》中对盘庚迁殷前商都的几次迁徙均有较详尽的记述，惟对帝乙迁沫只字未提，由此推测帝乙迁沫、纣都朝歌或非事实。考古发掘证明，安阳殷墟是商代后期都城，甲骨文中有帝乙、帝辛卜辞，王陵中有帝乙、帝辛墓，殷墟文化遗存中有帝乙、帝辛时期青铜器等器物，因此认为商都屡迁的因素在帝乙帝辛时期已不复存在[4]。

对殷墟非殷都说，亦有学者作了辩驳。指出殷墟没有宫城，但有代替宫城的设施，宫殿区东有洹水环绕，西南有壕沟和洹水相接，由洹水和壕沟把其他区分开来。在宫殿区有祭祀的宗庙，这是先秦时期的都城都有的，说小屯宫殿区没有大型宫殿建筑不符合事实。指出这些问题后，认定"怀疑殷墟不是王都的说法，都不足以动摇殷墟作为商代王都的地位。"[5]

对于安阳殷墟的年代，也有学者不同意始于武丁的意见。认为目前虽无确切早于武丁时代的甲骨卜辞，但相当于武丁早、晚两个发展阶段的陶器、铜器都有较多的资料。基于对武丁早期文化遗物的认识，可以肯定与武丁早期文化大致衔接而更早的居住遗存和墓葬是存在的。如 30 年代在小屯发掘的YM232、M333、M388 等都是明显早于武丁早期的墓葬，而其所出铜器的形制、纹饰却与殷墟出土的比较接近，小屯M388 内所出的一件白陶豆与妇好墓所出的一件石豆相似。而这几座墓与稍晚的 M331、M328 等可说是一脉相承，应是连续发展下来的，不可能一部分属于迁殷之前，一部分属迁殷之后[6]。

还有学者也不同意武丁迁殷之说。主要以妇好墓为基点，推断殷墟作为都城确如文献所记是从盘庚开始的，殷墟一期至二期的文化反映了自普通有贵族的城镇到王都的变化，因此不同意武丁迁殷之说[7]。

2. 殷墟的范围和布局

殷墟的范围，经过长期的调查和发掘，基本上已得到确定。已知的殷墟总面积达 30 平方公里，包括内围和外围，其中内围的面积为 24 平方公里。

在殷墟的内围，有比较密集的聚落遗址和墓葬分布，遗址内的文化堆积层亦比较厚。外围的聚落遗址和墓葬则分布稀疏，遗址内的文化堆积层亦比较薄。

殷墟的范围，是随着历史年代的推移，聚居人口的增加，经济文化的发展而逐步扩大的。从发掘的情况来看，在早期阶段，殷墟遗址的面积还不大，聚落遗址和墓葬发现较少，文化内涵亦不丰富。大致从武丁以后，殷墟遗址才初具规模，其面积约有 12 平方公里。这时期的聚落遗址和墓葬有较多的发现，文化内涵亦比较丰富。晚期的殷墟遗址才达到几十平方公里的面积。

殷墟遗址有一定的布局。最基本的是有宫殿宗庙区、王陵区、手工业作坊区和族墓地之分。

宫殿宗庙区位于洹河南岸的小屯村东北地。在宫殿宗庙区的东北面有洹河环绕，西面则有一条长约 1100 米的大壕沟，以自然河流和人工开挖的大壕沟相结合，作为宫殿宗庙区的防护屏障。在宫殿宗庙区内发现了比较密集的夯土建筑基址。这些夯土建筑基址亦有一定的布局，在 30 年代的发掘中，就发现大、小不等的夯土建筑基址 53 座，分甲、乙、丙三组：甲组基址有 15 座，分布于北部，东西两面濒临洹河；乙组基址 21 座，分布于甲组基址的南部；丙组基址 17 座，分布于乙组基址以西（图一六）。这说明，在宫殿宗庙区内的夯土建筑基址有整体布局，而这批夯土建筑基址的发现确定了小屯村东北地是宫殿宗庙区。

王陵区位于侯家庄和武官村之间，在宫殿宗庙区的西北面。30 年代在这一地区发现有大墓，其中在侯家庄西北冈就发现 4 条墓道的大墓 8 座，还发现一批祭祀坑，在武官村亦发现带墓道的大墓和祭祀坑。这些发现即确定侯家庄和武官村一带属王陵区。

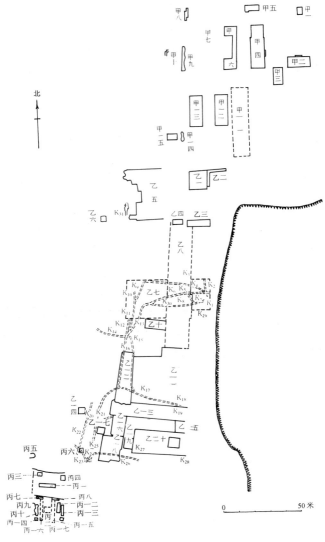

图一六　安阳小屯殷代宫殿宗庙基址分布图

手工业作坊区位于小屯宫殿宗庙区附近。在这一地区内发现有铸铜、制骨和制陶作坊遗址。其中在宫殿宗庙区南部约 1 公里的苗圃北地发现一处大面积的铸铜作坊遗址，在东部的大司空村则发现一处较大面积的制骨作坊遗址，由此确定这一地带是手工业作坊区。

（二）殷墟文化分期断代

文化分期断代是殷墟文化研究的重要课题。作为商代后期王都的殷墟，经历了 273 年的历史，历八代十二王，因此，殷墟文化也经历了不同时代和不同的发展阶段。对殷墟文化进行断代分期，不仅可以使殷墟内含的不同时代和不同发展阶段的文化遗存获得比较清楚的认识，同时亦可以使殷墟发掘的极其丰富的物质文化资料对研究商代历史更具有科学性。

殷墟文化分期断代，涉及到甲骨学和考古学两个方面。甲骨学的断代分期，主要通过对甲骨卜辞内容的研究进行分期断代；考古学的断代分期，则是通过对殷墟遗址发掘的地层和出土的遗物尤其是陶器的发展演变进行分期断代的。两者的分期断代可以互相借鉴和互相充实，相辅相成。这是殷墟文化断代分期与其他文化的分期相比所具有的优越性，因此它的断代分期也就更为科学。

1. 甲骨学的分期断代

甲骨学的分期断代研究始于 30 年代。30 年代初，董作宾对殷墟发现的甲骨卜辞进行分期断代研究，于 1933 年发表《甲骨文断代研究例》[8]，提出了分期断代的标准和分期意见。他的分期标准有十项，即依据卜辞的世系、称谓、贞人、坑位、方国、人物、事类、文法、字形、书法，其中世系、称谓、贞人三项是最主要的标准。其分期共分五期：

第一期，盘庚、小辛、小乙、武丁（二世四王）。

第二期，祖庚、祖甲（一世二王）。

第三期，廪辛、康丁（一世二王）。

第四期，武乙、文丁（二世二王）。

第五期，帝乙、帝辛（二世二王）。

继董作宾的分期断代研究之后，陈梦家亦对甲骨文的分期断代进行了比较系统的研究。他从 1951 年起，先后发表《甲骨断代学》等四篇论文。他对甲骨文的分期断代，是以董作宾的分期断代为基础，将董作宾提出的分期标准和五期区分作了某些修改和归纳，提出了三项标准和九期的划分[9]。

三项标准分别是：世系、称谓和贞人。认为"此三者乃是甲骨断代的首先条件"。

根据这三项标准，把殷墟甲骨卜辞划分为九期。

（1）武丁卜辞		（1）一世 ┐
	祖庚卜辞	（2）二世 ├ 早期
（2）庚、甲卜辞	祖甲卜辞	（3） │
	廪辛卜辞	（4）三世 ┘
（3）廪、康卜辞		
	康丁卜辞	（5） ┐
（4）武、文卜辞	武乙卜辞	（6）四世 ├ 中期
	文丁卜辞	（7）五世 ┘
	帝乙卜辞	（8）六世 ┐ 晚期
（5）乙、辛卜辞	帝辛卜辞	（9）七世 ┘

陈梦家与董作宾的分期断代，在标准上没有实质性的差别，而在分期上则有一些差别。陈梦家的分期比较细，而且把

廪辛、康丁的卜辞加以区分，指出康丁卜辞与武乙、文丁卜辞关系密切，自成一系。

上述两种分期中，以五期的划分较有影响，至今仍普遍被学术界所采用。

2．考古学的分期断代

考古学的分期断代是从 50 年代开始的，有综合性分期和典型遗址的分期两种。

综合性分期断代，在 50 年代中期即有学者提出意见。1956 年，邹衡先生发表《试论郑州新发现的殷商文化遗址》一文，就对郑州和安阳两地发现的殷商文化作了分期，其中对殷墟文化的分期，主要依据 30 年代殷墟发掘的地层和出土的遗物，把安阳小屯的殷商文化划分为早、中、晚三期[10]。1964 年，又根据 30 年代和 50 年代的发掘资料，对殷墟文化作了全面系统的分期，共分四期七组，并参考各期包含的甲骨文和其他刻辞、题铭等，推定了各期的绝对年代。各期的文化年代为：

殷墟文化一期，约相当于甲骨第一期以前，或属盘庚、小辛、小乙时代；

殷墟文化二期，约相当于甲骨第一、二期，即武丁、祖庚、祖甲时代；

殷墟文化三期，约相当于甲骨第三、四期，即廪辛、康丁、武乙、文丁时代。

殷墟文化四期，约相当于甲骨第五期，即帝乙、帝辛时代。

这四期的年代顺序明确，每期文化特征都比较显著，各期之间诸文化因素的承袭关系和更替现象也都很清楚，大体代表了殷墟文化在其发展过程中的四个基本阶段（图一七）[11]。

典型遗址的分期始于 50 年代末。1958～1959 年，中国科学院考古研究所安阳发掘队在大司空村遗址的发掘，首次进行分期。该遗址发现的殷商文化，根据地层堆积分上、下两层，各层出土的陶器具有不同的特点，因此将大司空村遗址内含的文化划分为两期，即"大司空村一期"和"大司空村二期"。大司空村一期以下层遗存为代表，大司空村二期以上层遗存为代表。其中下层的 H114 灰坑内出土一片甲骨，刻有"辛贞在衣" 4 个字，字体属甲骨文第一期即武丁时代，为这层文化年代提供了依据[12]。这是殷墟发掘第一次根据文化堆积层位以及出土陶器的不同特点在一个遗址内进行分期。

此后，1961 年在苗圃北地的发掘亦对该遗址内含的殷商文化进行了分期。共分三期，即苗圃一、二、三期[13]。

1962 年对大司空村遗址进行发掘，又根据新的发掘材料作新的分期，在原有分期的基础上分四期，并对各期的年代作了推定。第一期依据 H114 灰坑出土的刻字卜骨"辛贞在衣"，推定其年代相当于武丁前后。第二期未发现可供断代的依据。第三期的年代根据刻字卜骨推定其属甲骨文的第三期晚或第四期早段。第四期的年代依据出土铜器等断定属帝乙、帝辛时代[14]。

此外，1973 年在小屯南地的发掘，亦进行了分期。该遗址出土 4000 多片刻辞甲骨，发掘时注意了甲骨出土层位关系及与其他遗物的共生关系，区分出早、中、晚三期。早期相当于大司空村一期。中期又分两组，一组遗物少，二组与大司空村三期相同。晚期相当于大司空村四期[15]。这三期四组之分，基本上与大司空村遗址的四期之分大体相同。

大司空村遗址的分期，实际上代表了中国社会科学院考古研究所安阳发掘队对殷墟文化作出的系统分期。各期的年代为：

第一期，盘庚、小辛、小乙和武丁前期。

第二期，武丁后期及祖庚、祖甲时期。

第三期，廪辛、康丁、武乙和文丁时期。

第四期，帝乙、帝辛时期[16]。

这一分期断代与邹衡先生的分期在断代上稍有差别。主要是一期的年代上邹衡先生推定为盘庚、小辛、小乙时代，而安阳发掘队则推定为武丁前期，包括盘庚、小辛、小乙时代，二期从武丁后期开始，包括祖庚、祖甲。因此，在殷墟文化分期断代上，学者们的研究基本上取得了共识。

到了80年代，在殷墟北部边缘的三家庄遗址发掘，又发现早于大司空村一期的遗存，其中以M4为代表，所出陶器早于大司空村一期，另有几座墓亦早于大司空村一期。这说明在殷墟还存在着早于大司空村一期的遗存，因此，后来在殷墟文化分期中，又将大司空村第一期细分为偏早、偏晚两段，但仍沿用四期的划分。

对于殷墟文化的分期断代，总的看来，甲骨学的分期断代有不同意见，主要涉及武丁前后，有的包括盘庚、小辛、小乙，有的则不包括。考古学的分期断代，意见分歧则不大。

3．各期陶器的变化

殷墟出土的陶器以灰陶为主，亦有少量红陶，还有一些白陶、硬陶和釉陶。纹饰以绳纹为主，亦有弦纹、大三角纹内填绳纹、饕餮纹、三角划纹和斜方格纹。器类主要有鬲、甗、甑、豆、簋、盂、盆、钵、大口尊、圈足尊、壶、罍、罐、瓮、盘、杯等。各期陶器的发展演变大体如下：

第一期陶器以灰陶为主，红陶极少，有一些硬陶和白陶。纹饰以绳纹为主，有不少弦纹和一些附加堆纹、大三角纹、饕餮纹。器物种类较少。

第二期陶器亦以灰陶为主，红陶亦少，亦有硬陶和白陶。纹饰与第一期接近，出现少量三角划纹，饕餮纹罕见。器物种类增多，形制有变化。

第三期陶器亦以灰陶为主，红陶增多，亦有硬陶。纹饰中三角划纹和三角绳纹增多。器物种类减少，形制与二期相比变化较大。

第四期陶器亦以灰陶为主，红陶又略有增加，出现了釉陶。器物种类减少，形制变化明显[17]。

（三）殷墟的宫殿宗庙建筑基址

殷墟的宫殿宗庙建筑基址位于洹水南岸的小屯村东北地。这里是一片高地，高出洹河约 8 米，是安阳市西北郊的最高点，南北长约 600 米，东西宽约 450 米，总面积约 27 万平方米。

在宫殿宗庙区内，30 年代就发现版筑的夯土建筑基址 53 座、墓葬 264 座、础石 700 多个，还有大批窖穴和 31 条水沟。50 年代在宫殿宗庙区的南面钻探出一条大壕沟，由西南向东北延伸，蜿蜒曲折，总长约 1100 米，宽度不等，最宽处有 21 米，最窄处为 7 米，深约 5 米。大壕沟开挖的时代与宫殿宗庙基址的建筑年代相当。80 年代在宫殿宗庙区内又发现一座大型夯土基址，由三排大型基址构成。

30 年代发现的 53 座基址，南北排列，错落有序，有的两两对称。其布局分甲、乙、丙三组。

甲组基址有 15 座，位于遗址北部，南北长 100 米，东西宽 90 米。基址平面有长方形、凹形和圆墩形，面积有大有小。有的基址上揭露出铜柱础和石柱础。其中面积最大的基址是甲一，南北长约 46.7 米，东西宽约 10.7 米。基址上有铜柱础、石柱础和夯墩 34 个，分布于东、西、北三面，以东面较多，西面较少，北面只有 1 个。其中铜柱础有 10 个，形状有圆形、锅形和铜片三类。甲四保存较好，南北长 28.4 米，东西宽 8 米，南段有 5 级台阶，估计北段亦有台阶。四周发现有基石，排列整齐。这座基址推测为面阔 7 间，进深 6 米，每间宽在 3 ～4 米之间（图一八）。最小的基址是甲一，长 5.1 米，宽 3.5 米，未见柱础石。这组基址地层单纯，未见有相互叠压关系。

乙组基址有 21 座，位于甲组基址以南。南北长约 200 米，东西宽约 100 米。形状有长方形、近方形和"凹"字形几种。面积亦有大小，最大的是乙八，长约 85 米，宽约 14.5 米，基址上有柱础石 153 个。最小的为乙十四，长 4 米，宽 3.8 米，基址上有柱础石 10 个。这组基址的地层比较复杂，有些基址下面压有灰坑、墓葬、水沟，有的还有打破关系。在基址下面压有水沟 31 条，总长约 650 米，纵横交错，彼此相通。

丙组基址有 17 座，位于乙组基址以南。南北长 50 米，东西宽约 35 米。面积最大的是丙一，长 20 米，宽 17 米，北部有柱础石 8 个。其余的面积都小，有长方形和方形两类。

这三组基址的建筑年代，据石璋如推断，以"甲组基址的时代最早，可能与第一期甲骨相当，它的使用时间最长，一直到第五期"[18]。但各基址的建筑年代则难以确定。陈志达根据

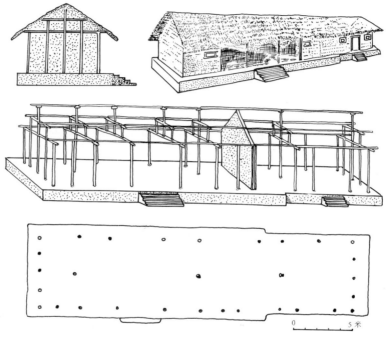

图一八　安阳小屯甲四宫殿基址及复原图
上左：山墙的结构　上右：复原图　中：间架结构　下：基址平面

个别基址中出土甲骨，如甲十三出甲骨 4 片，有 2 片属宾组，
1 片字体近宾组，因此推断甲十三的上限可以早到武丁，下限
当晚于武丁。甲十二与甲十三东西对称，大小形制如一，当是
同一时期建筑。

乙组基址的建筑年代，石璋如认为"乙组基址有早有晚，
形式不一，如乙五、乙七、乙十一前期三基址，可能为祖甲时
期的建筑物，至于改造划一而完成大规模设计，可能是文武

丁、帝乙时代的作品"。陈志达根据层位关系判断，认为这组基址的修建时间不会晚于殷墟第二期或更早（相当殷墟第一期），如乙五、乙十一等。乙五被 M14、M66 和 H93 打破，M14 出土的陶器、铜器从器形看均接近殷墟一期的同类器物，M66 出的铜器均属二期形式，H93 出的陶器形制接近殷墟二期。乙二十一夯土内出有宾组卜辞，下压的灰坑亦出有宾组卜辞。

　　丙组基址的建筑年代，石璋如根据所出甲骨文断定，"不能早于甲骨文第四期，也可能为第五期的建筑物"。据陈志达所查，压在基址之下灰坑所出的甲骨文，均属自组卜辞。自组卜辞的时代，定为武丁早期较妥。根据发掘资料，常见殷墟二期灰坑或墓葬打破一期灰坑，也见同期灰坑有打破关系。据此分析，认为丙九、丙十三、丙十五、丙十七等基址的上限可早到殷墟二期，下限大致不晚于殷墟三期。丙一可能与上述四座基址同时或稍早，丙二、丙三、丙四应晚于丙一。

　　这三组建筑基址的性质，据分析判断有所不同。甲组基址的性质，石璋如认为"全组基址看不出含有宗教意味的痕迹，可能是住人的"。陈志达则认为，从甲四、甲十一、甲十三等基址的规模、间数等方面考察，可能是"寝殿"和享宴之所，甲一、甲三、甲五、甲十五等基址的规模较小，基面上无础石，有可能是"寝殿"的附属建筑，也有可能是侍者的住处，有些可能是储藏室。

　　乙组基址的性质，石璋如推测"可能为宗庙"，并认为乙五、乙七、乙八等三基址与铸铜有关。陈志达认为这组基址比较复杂，乙五基址大概是一处铸铜场所，乙七、乙八等大型基址可能是宗庙建筑，乙四、乙六、乙十四、乙十七等小型建筑可能是住人的。

石璋如推测乙组基址可能是宗庙，主要是在乙组基址内发现有较多的墓葬。墓葬有的压在基址下面，有的在基址上面。墓内埋有人或犬，埋人多者9人，少者1人，埋犬多者20只，少者1只。亦有埋羊、牛的。因此，石氏认为这些埋人、埋畜的坑位分别用于奠基、置础、安门、落成四个方面，这些墓葬里很可能是为建筑宗庙宫殿而祭祀的牺牲。

丙组建筑基址的性质，石璋如推测为祭坛。理由是"这些基址的形式都很小，至少有部分其上不可能有房子的建筑，颇似坛的形式"。后来又认为"丙九、丙十、丙十二、丙十三等四座基址，东西相对，且均为长方形，很像住人的房子。……丙一、丙二、丙三、丙四、丙七、丙八、丙十一等基址的一带为祭祀区域。……南段的丙十六、丙十七两基址，窄而长，可能为路或廊"[19]。陈志达则推测，丙三、丙四、丙五、丙六可能为祭坛之类的建筑，与乙组中的宗庙基址有密切关系；丙二、丙十二、丙十三等大概是住人的房子；分布在丙二周围的小墓坑，有可能是祭祀宗庙中先公先王的牺牲[20]。

80年代发现的大型夯土基址，是1981年发现、1989年发掘的。位于乙组基址东南80多米处。这座基址占地5000多平方米，由三排大型基址构成，南北西三面各一排。南排基址东西长75米，宽7.5米，北排基址长60多米，宽7.5米，西排基址长50米，宽7.5米，在三座房基之间形成宽敞的长方形空间，类似庭院。这三座房基都有排列整齐的擎檐柱和墙柱，其中北排基址是主要建筑，在墙柱下都有卵石柱础，有四个门道，宽均为2米。南面的三个门道间距4.3米，中间门道地下埋有2个大陶罐，有一罐内放有一件铜盉。西边一个门道以西有 2 个祭祀坑，各埋砍头人骨架 3 具。此基址建筑时代不晚于武丁早期[21]。

殷墟宫殿宗庙建筑基址的发现，对研究殷墟遗址的性质具有重要意义。宫殿宗庙建筑是都邑的重要标志，安阳殷墟发现有宫殿宗庙基址，说明殷墟当是商代后期的王都故址。

（四）手工业作坊遗址

殷墟发现的手工业作坊遗址有铸铜和制骨遗址。铸铜遗址有 4 处，发现于苗圃北地、孝民屯西地、薛家庄南地和小屯东北地，其中以苗圃北地的面积最大，包含的铸铜遗物亦比较丰富。制骨作坊遗址发现 2 处，发现于大司空村和北辛庄两地。

1. 铸铜作坊遗址

苗圃北地的铸铜作坊遗址面积达 1 万平方米以上。发掘时分东、西两区，相距约 25 米，东区包含的与铸铜有关的遗物相当丰富，估计是生产区，西区发现有较多的房基，但与铸铜有关的遗物发现很少，估计是作坊内的居住区。

东区发现房基 20 多座，灰坑 200 多个，窖穴 10 多个。房基大部分为地面建筑，单间，有些房基内出有碎陶范，很像是烘烤陶范的工房。如 F17 是一座长方形单间房基，内有未经烘烤和已经烤成的陶范出土。

与铸铜有关的遗迹有烧土硬面和料礓石粉硬面。烧土硬面比较平坦，表面被烧成蓝色，有的硬面上残存有烧成红色的草泥土柱，在土柱下面有几条有流向的灰色发亮流面。据推测，这类硬面可能是熔铜的场地，土柱则是支撑熔炉的"座"，流面可能是铜液的流道。料礓石粉硬面有的亦经火烧过，伴出有陶范和范泥坯等，推测可能是制范、模的场地。

在房子周围分布的灰坑、窖穴，有不少出土陶范、范坯等与铸铜有关的遗物。已发现的铸铜遗物有熔炉、坩埚、陶范、模和各类工具。熔炉残块共发现 5000 多块，内壁普遍有一层发亮的"烧流"面，有的还粘有木炭末或铜渣。据观察，熔炉的结构有两种：一种作土炉式，建于地面，用麦秸和泥盘筑而成；另一种是土坑式，即在地面挖一土穴，穴内壁抹一层较厚的草泥。共发现熔炉 5 座，有圆形和椭圆形两种。

坩埚残片有 90 多块。有粗砂硬陶和细砂泥质两种。前一种为红色，内壁多粘有铜渣；后一种为红色或青灰色，内壁亦粘有铜渣。

陶范和陶模出土 2 万多块，其中外范约占 70%，内范占 30%。范上有榫或眼。出土的外范以礼器范为主，其中有大方鼎、圆鼎、簋、方彝、卣、觯、斝、角、瓢、爵等范，工具和兵器范较少，仅发现刀、戈等范。外范上多有花纹，有饕餮纹、夔纹、云雷纹、乳钉纹、三角形纹、鸟纹、蝉纹、蚕纹、龙纹、鳞纹、蕉叶纹、圆涡纹、弦纹等纹饰，以饕餮纹和夔纹居多，往往以雷纹为地。还发现石范。陶模出土较少，有尊、瓢、卣足、提梁、鼎足、觥盖、兽头等类器模，其中有一块尊肩部的模上塑一牛头。

此外还发现修整铜器的磨石和修陶范、模的各类工具，其中有铜刀、锥和骨尖状器。还发现一件长方形铜块，重 46.7 克。

据地层关系和出土遗物断定，这一铸铜作坊遗址始建于殷墟文化第一期，延续至第四期。第一期面积小，出土遗物不多，第二、三期不断扩大。

孝民屯发现的铸铜遗址面积很小，揭露面积只有 100 平方米。在 5 个灰坑内出土陶范、熔炉壁块、铜渣等与铸铜有关的遗物。其中陶范出土 320 多块，包括内外范，器类有簋、觚、爵和铲、锛、戈、矛等范。亦出土磨石等工具。据推断，这一遗址的年代从殷墟文化二期延续至四期[22]。

薛家庄发现的铸铜遗址不大，发掘的范围亦很小。出土陶范千余块，包括内外范，器类有鼎、甗、簋、斝、觚、矛、戈等。外范上有花纹。年代上限不晚于殷墟二期，延至四期[23]。

小屯东北地的铸铜遗址是 30 年代在宫殿建筑基址内发现的。在乙组基址内出土较多的陶范，其中乙五出的陶范最多，上层出 512 块，中层出 334 块，下层出 2506 块。乙七和乙八基址亦有陶范出土，还发现有铜锈。压在乙五基址下的灰坑 H21 出土许多青铜碎片和碎陶范。根据这些发现，当时即推测这里是青铜器铸造作坊。这里出土的陶范有觚、爵、簋、罍、镞、矛、车饰、铜泡、卣、鼎、彝、壶等器范。此基址的年代属殷墟文化第一期[24]。

殷墟铸铜遗址内还发现不少铸铜原料。在小屯村东北地曾发现一块重 18.8 公斤的孔雀石和一块重 21.8 公斤的"炼渣"，有人推测孔雀石是炼铜的原料。但解放后在殷墟的发掘均未发现铜矿石，有人认为这些铸铜遗址所用的铜、锡原料是在采矿点炼就后运到安阳的。

从铸铜遗址的规模判断，有人认为苗圃北地的作坊遗址可能是商王室所控制的，孝民屯等地规模小的作坊遗址可能是民营的。但是，当时的青铜器都是奴隶主贵族所拥有的产品，从这种情况判断，铸铜手工业生产及其产品恐怕应是商王室所垄断的。

2.制骨作坊遗址

殷墟的制骨作坊遗坊发现于大司空村东南地、北辛庄、花园庄,在薛家庄亦有制骨遗迹发现。

大司空村制骨作坊遗址的面积约有 1380 平方米,这是殷墟最大的制骨作坊遗址。在遗址内发现半地穴式房子一座,骨料坑 12 个。房基处于骨料坑中心,房内遗留有大量骨料和一些制骨工具,推测它应是工房。骨料坑分布在房子南北两端,内埋的遗物以骨料为主,共出土骨料和骨器半成品等 3.5 万余件,还有 20 多块角料。出土的制骨工具有铜锯 3 件,铜钻 4 件,磨石 10 多块。

骨料多属兽类的肢骨,少数为肋骨和盆骨。其中有牛、猪、狗、羊、鹿的骨骸,以牛骨居多。角料为鹿角。骨料有长条形和方形,长方形骨料大概是制作镞、锥、笄之类骨器,方形骨料只宜制作笄帽,裁料有一定的尺寸要求。据估计,这处制骨作坊可能主要制作骨笄之类饰品,其文化年代为殷墟文化第二期至第四期。

北辛庄制骨作坊遗址亦发现房基和骨料坑。房基为半地穴式,在房基的通道口一侧堆有大量骨料。骨料坑内亦埋有大量骨料,在清理的一个坑内,就出有骨料 5000 多块,多数骨料有锯痕,有牛、马、猪、羊、狗等骨,亦有少量鹿骨和角。还有制骨工具包括铜锯、铜钻、石刀、磨石等[25]。

在花园庄西南发现的制骨遗址面积约 550 平方米。在一个坑内埋有大量的动物骨骼,绝大多数是牛骨,包括头骨、下颌骨、脊椎骨和肋骨,亦有少数猪骨、狗骨、鹿角及人骨,推测附近可能有制骨作坊,文化年代为殷墟三期[26]。

殷墟的制骨作坊的产品大概亦是供王室成员使用的。在妇好墓中随葬的骨器相当多，约 564 件，占随葬品总数的 29.2%，还有许多残碎的骨器未计算在内。最多的是骨笄，有 499 件，余为雕刻艺术品和其他装饰品。据此看来，殷墟的手工业作坊很有可能亦是商王室所拥有的，主要为王室成员提供产品。

（五）　殷墟王陵

殷墟王陵在 30 年代的发掘中就被发现。它分布于侯家庄西北冈，或称武官村北地。陵区面积东西长 450 米，南北宽 250 米。在陵区内共发现四条墓道的大墓 8 座，两条墓道的大墓 3 座，一条墓道的大墓 1 座，还有 1 座大墓只有墓坑无墓道，并发现大批祭祀坑。

大墓分东西两区（图一九）。西区有 7 座四条墓道的大墓和 1 座有墓坑而无墓道的大墓。这 7 座有四条墓道的大墓为 M1001、M1002、M1003、M1004、M1550、M1500、M1217。有墓坑而无墓道的大墓为 M1567，或称"假墓"。大体分四组，每组 2 座，南北排列。

东区有四条墓道的大墓 1 座，两条墓道的大墓 3 座（M1443、M1129 和武官村大墓），一条墓道的墓 1 座（传出土司母戊大鼎墓）。在此区内，还发现几百座祭祀坑，因此被认为是主要祭祀场所。

这批大墓的形制呈长方形或近正方形和"亚"字形。墓坑口大底小，深有 10 米上下。墓道多作斜坡式，少数作台阶式，长短不一，长者有 60 多米，短者不足 10 米。墓室内有的有耳室，都有棺椁，椁室有长方形和"亚"字形两种，用木条叠成

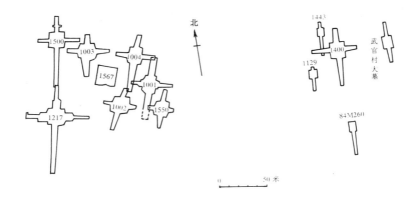

图一九 安阳侯家庄西北冈大墓分布图

"井"字形。墓内都有人殉人牲，殉人多置于墓室或墓道，有的殉人有墓坑，且有随葬品。人牲为被杀者的人头，置于墓室或墓道的填土内。墓内都有随葬品，但均被盗掘，所剩无几。幸存的残余物中，只有一些青铜礼器或兵器，有的墓还出土精美的白陶、大理石雕刻品和虎纹石磬。

发现人殉、人牲最多的墓是 M1001。此墓的墓室呈"亚"字形，有东西两耳室。墓坑长 21.30 米，宽 18.90 米。有四条墓道，斜坡式，最长者 30.70 米，最短者 11 米。墓内发现的人殉、人牲总数达 160 多人。殉人中有的有墓坑，有的还有棺，有的身旁还陪葬有青铜礼器或兵器或玉石佩饰。殉人或埋于墓底，或埋于墓道。人牲中有人头骨 70 多个和无头躯体骨架 50 多具，均埋于墓道。

在此墓的东侧，还发现 37 个埋人坑及动物坑。埋人坑有 22 个，一个坑埋人少者 1 人，多者 7 人，共 68 人。有的坑内有椁、棺，并随葬成组的青铜礼器，有的还有殉人。

幸存随葬品比较多的墓是 M1004。此墓呈长方形，墓坑长 17.90 米，宽 15.90 米，深 12.20 米。有四条斜坡式墓道，最长的 31.40 米，最短的 13.80 米。墓室内有"亞"字形木椁，椁室四壁涂漆，有雕花，上有镶嵌饰物。幸存的残余物有一些青铜礼器、大批兵器和部分玉、石器。分四层放置，上层置青铜礼器和玉器，其中有两件大方鼎，即著名的牛鼎和鹿鼎。第二层放兵器，有铜矛 36 捆，每捆 10 把共 360 把。第三层亦放兵器，有铜簇百余件和铜戈 370 把。底层置车饰和皮甲、皮盾等。

残存青铜礼器最大最重的墓，是传出土司母戊大鼎墓。此墓的墓室较小，长方形，长 9.60 米，宽 8.10 米，深 8.10 米。有一条墓道。墓内有椁室，发现人殉、人牲 30 多人，分别发现于墓室、椁室及墓道的填土中。据传 1939 年武官村民挖出的司母戊大鼎就出土于此墓所在地点，1959 年找到了墓的位置，1984 年作了发掘，发掘时只获得一些小件铜器和玉器[27]。

这批大墓中，有些墓之间有地层叠压打破关系，其中西区有 6 座墓，东区有 2 座墓。这些墓的地层关系为断定这批墓的相对年代提供了依据。

西区 6 座墓的地层关系是：M1217 的北墓道打破 M1500 的南墓道；M1002 的北墓道打破 M1004 的南墓道；M1004 的东墓道和南墓道分别打破 M1001 的北墓道和西墓道；M1550 的西墓道打破 M1001 的南墓道。据这些墓的地层打破关系，可知这 6 座墓的相对年代是：M1217 晚于 M1500，M1002 晚于 M1004，M1004 晚于 M1001，M1550 晚于 M1001。

东区 2 座墓的地层关系是：M1400 的西墓道打破 M1443 的南墓道。M1400 晚于 M1443[28]。

这批墓的年代分期，有不少学者进行了研究，但大家提出的意见并不相同，主要有如下几种。

对西北冈大墓最早进行分期的是李济。他在 50 年代后期就对西北冈大墓提出了编年和分期，排出的年代先后顺序为：

M1001 ——→M1550 ——→M1004 ——→M1002 ——→M1003 ——→ M1500 ——→M1217 ——→M1174 ——→M331（其中 M1174 是西北冈的小墓，M331 是小屯北地的小墓）。

其分期是把殷墟的文化划分为五期，即殷商初期——→殷商早期——→殷商中期——→殷商晚期——→殷商末期。根据这一分期而把西北冈大墓分别确定为 M1001 属殷商早期，M1002 属殷商中期，M1217 和 M1174 属殷商晚期。M1550 和 M1004 在殷商早期和中期之间，M1003 和 M1500 在殷商中期和殷商晚期之间，M331 在殷商晚期和末期之间[29]。

60 年代初，邹衡先生在对殷墟文化所作的分期中，亦将西北冈大墓分别归属于殷墟文化的各期：其中第一期的陵墓有 M1217 和 M1500；第二期的陵墓为 M1001 和武官大墓；第三期的陵墓有 M1004 和 M1550，并将 M1002 和出司母戊大鼎墓定为似属此期偏晚；第四期的陵墓为 M1400 和 M1003[30]。

60 年代中期，张光直先生在研究商王庙号的基础上，亦对西北冈大墓与殷王的关系作了推测。他从昭穆制的角度，推测商代王位的继承法是乙丁制，与周人的昭穆制相似。在昭穆制中，祖孙同群，父子异组，在祖庙中的排列为左昭右穆。西北冈大墓"准左昭右穆的规矩，则东区为昭，西区为穆。属于昭区的大墓有四，属于穆区的大墓有七"。自盘庚到帝辛为十二王，除帝辛自焚而死，其余十一王可分两组。盘庚、小辛、小乙为乙组，武丁为丁组，祖庚、祖甲为乙组，廪辛、康丁为丁组，武乙为乙组，文丁为丁组，帝乙为乙组。此十一王中，丁组四王，乙组七王，西北冈大墓恰好西区七座，东区四座。但他对各墓属何王则未作推断，只认为 M1001 可能是属于盘庚的[31]。

70 年代后期，胡厚宣先生亦对西北冈大墓的编年提出了自己的看法。他把东、西两区墓分别编排出年代早晚的顺序，其中东区墓 3 座，先后顺序为 M1129、M1400、M1443，认为这 3 墓的年代，"一般比早期的人祭小墓为晚"。西区大墓除没有人的方形墓 M1157 外，还有 7 座，先后顺序为 M1001、M1550、M1004、M1003、M1002、M1500、M1217，而以M1001 的时代为最早[32]。

80 年代初，杨锡璋先生亦对西北冈大墓作了分期断代。他以安阳殷墟文化的分期为标准，将西北冈大墓分别归属于殷墟文化的第二、三、四期。属第二期的墓有 M1001、M1500、M1400、武官大墓和司母戊大鼎墓 5 座。属第三期的有M1004、M1002、M1500、M1217 共 4 座。属第四期的只有M1003。没有第一期的大墓。

在西北冈发现的大墓中，他认为并不全是王陵。理由是墓葬形制的不同及规模的大小反映了奴隶主贵族生前的等级和地位，其中有四条墓道的大墓是最高级的，只有这些墓才够得上王陵的等级。其余的墓均低于王的等级，其中司母戊大鼎墓，推测为武丁或祖甲的配偶墓。根据殷墟发现大量的甲骨文始于武丁，因此怀疑盘庚、小辛、小乙三王建都的地点并不在安阳殷墟，所以殷墟没有这一时期的甲骨文，也没有这一时期的陵墓，西北冈的王陵是从武丁开始的。

殷王从武丁开始到帝辛共七代九王，因帝辛为武王所灭，自焚而死，未埋在西北冈，故只有八个王葬在西北冈。西北冈有四条墓道的大墓 8 座，其中属殷墟文化第二期的有 M1001、M1550 和 M1400 共 3 座，第三期的有 M1004、M1002、M1500 和 M1217 共 4 座，第四期的为 M1003。第二期文化的时代相当于武丁后期、祖庚和祖甲时期，第三期相当于廪辛、康丁、武乙和文丁时期，第四期相当于帝乙和帝辛时期，因此，西北冈大墓的分期与甲骨文中各王的分期相符合[33]。后来又补充推测 M1567 是帝辛的墓，认为商王大概是生前修墓的，帝辛墓未修成即亡国身死，故未埋入此墓内。西区八墓加上东区的 M1400 共九座，从武丁到帝辛恰为九王[34]。

西北冈大墓的分期断代是殷王陵墓研究的重要课题。目前，学者们从不同的角度对西北冈大墓作了分期，认识并不一致，最根本的一点是殷墟的时代究竟是从何王开始，是从盘庚还是从武丁开始的问题。对于殷墟开始的时代认识不同，因此对西北冈大墓的分期断代也就产生不同的认识。具体到某一座墓属何王的问题，焦点是 M1001 大墓，此墓有的学者认为属盘庚，有的则认为属武丁。认识比较一致的是 M1567 未建成的大墓，此墓多认为是帝辛的墓，因帝辛时殷王朝被武王所灭，帝辛自焚身死，故未埋入。

（六）殷王室成员及高级贵族墓

殷墟发现的大墓中，除四条墓道的大墓外，还有不少两条或一条墓道的大墓。这类大墓，不仅在侯家庄西北冈王陵区内有发现，而且在后冈、殷墟西区和大司空村墓地都有发现。此外，还发现一些无墓道的中型墓，随葬品十分丰富，有的还有人殉。这些墓葬，有的可能是王室成员的墓，有的则是高级贵族的墓。

在这类有两条或一条墓道的大墓和随葬品丰富的中型墓中，有人推测王室成员的墓主要有司母戊大鼎墓、妇好墓以及在小屯村西北发现的 M18 等。

西北冈出司母戊大鼎墓，有人推测它是武乙配偶墓[35]，亦有人推测它是武丁或祖甲的配偶墓[36]。妇好墓则多认为是武丁的配偶墓。

妇好墓位于小屯村北偏西的一片岗地上，编号为 M5，1975 年冬发现，1976 年春发掘。

墓的规模不大，墓室长 5.6 米，宽 4 米，深 7.5 米，无墓道，属中型墓。墓室东西两壁设有壁龛，墓底四壁有夯筑的熟土二层台，墓室内有木椁和木棺，棺木上有红黑相间的"彩绘"，估计是棺盖上的覆盖物。棺面有红黑相间的漆皮，上面裹有一层麻布，其上又有一层薄绢。

墓内发现人殉 16 人。分别埋于椁顶、壁龛和腰坑内，经鉴定，其中有男性 4 人、女性 2 人和儿童 2 人，其余不明。有的人殉被砍头或腰斩。

随葬品十分丰富，共有各类器物 1928 件，有些小件和残器还未包括在内。器类有青铜器、玉器、石器、象牙器、骨器和陶器等，还有货贝 6820 个。青铜器有 468 件，包括礼器、乐器、工具、生活用具、兵器、马器、艺术品及杂器 8 类。其中礼器 210 件，包括鼎、甗、瓿、簋、鬲、尊、壶、觥、卣、罍、缶、斝、瓠、爵、盉、觯、斗、盂、盘、罐和箕形器等

20余种，乐器有编铙1套5件，工具有锛、凿、刀、铲等41件，生活用具有镜、匕等5件，兵器有钺、戈、镞、弓形器和镨等134件，马器有镳2件，另有小铜泡100多个，艺术品及杂器包括铜虎、铃、龙头、鸟头形尺器、钩形器等54件。

玉器有750件。种类包括礼器、仪仗、工具、生活用具、装饰品、杂器等。最多的是装饰品，达426件，其次为礼器，达175件。各类玉器雕刻非常精美。

在出土的青铜器中，有半数以上有铭文。铭文种类有十多种，主要有"妇好"、"司母辛"、"司姿母"、"亚弜"、"亚其"、"亚启"、"束泉"等，"妇好"铭最多，有109件铜器有"妇好"铭。

此墓的年代，据出土的铜器、陶器和铭文进行推断，属于殷墟文化第二期。

妇好之名，在武丁卜辞中多见。把卜辞和铜器铭文结合起来判断，此墓的墓主被认为是殷王武丁的配偶[37]。

殷墟五号墓是殷墟发掘的中型墓中最重要的一座。它保存完好，随葬品极丰富而且精美，宛如一座地下艺术博物馆。墓内出土的器物，有不少是过去在殷墟发掘中所未见的，这使殷墟的考古资料得到较大的充实。尤其是青铜器多有铭文，和甲骨卜辞的记载结合起来，可以考证出墓主人的身份，使王室墓得到确认，为研究王室墓的葬制提供了一份十分可贵的资料。因此，殷墟五号墓的发现有其重大意义。

在小屯村西北地，即殷墟五号墓的周围，还发现一些有人殉和随葬较多铜器的墓，其中有的亦被认为有可能是王室成员墓。尤其是M18，墓室较大，一椁一棺，殉人5人，随葬器物有90多件，其中铜礼器有24件，13件有铭文"亚"、"亚侯"、"子渔"。据考证，子渔是武丁卜辞中常见的人物，可以奉祀大宗，是一位极重要的王室成员。品侯是商王属下的高级贵族，人骨经鉴定近似女性，因此推测墓主可能是殷王的配偶。在妇好墓周围共找到9座墓，发掘了两座即M18和M17，推测这一墓地可能是商王配偶的墓地[38]。

在殷墟西区，后冈和大司空村东南地，亦发现有两条或一条墓道的大墓，可惜均被盗掘，出土的随葬品极少。按墓的规模，这些墓有可能是高级贵族墓。据推测属于高级贵族墓的，最重要的是郭家庄墓地发现的M160。

郭家庄墓地在安阳市西北部700米处。这是一处商代墓地，清理出墓葬、车马坑、马坑、羊坑共191座，其中有一座是带墓道的墓。最重要的墓是M160，1990年发掘。

此墓墓口长4.5米，宽3米。有二层台，有棺、椁、椁板髹漆，以黑漆为主，间有红、白漆。墓内有殉人4人。随葬品相当丰富，有各类器物353件，其中青铜器291件，玉器33件，余为石、陶器、象牙器、骨器、竹器、漆器。铜器中有礼乐器44件，包括鼎、甗、簋、尊、罍。卣、盉、斝、觯、觚、角、斗、盘、铙等。有41件铜器有铭文，铭文主要是"亚址"、"亚胡址"、"中"等，以"亚址"铭最多。墓内随葬的兵器有戈、矛、钺、大刀、弓形器、镈、镞等，种类齐全。在3件铜钺中，有1件大钺，仅次于妇好墓中出土的大铜钺。根据出土陶器和铜器判断，此墓的时代应属于殷墟文化第三期偏晚。

郭家庄M160墓主的身份，据铜器铭文多为"亚址"判断，应是址族首领或上层人物。亚是武职官名，墓内随葬的兵器种类较全，且有大铜钺，这是军事统率权的象征，表明墓主是一位地位显赫的贵族，是级别较高的武将[39]。

此墓所出的青铜礼器有两个显著的特点：一是方形器数量多，有方尊、方罍、方瓢、方鼎和方形圈足器共 17 件，占礼器总数的 41%；二是酒器中无爵有角，是以瓢、角相配，共出瓢 10 件、角 10 件，这在殷墟墓随葬的酒器组合中较少见，过去发现的殷墓，随葬酒器组合一般都是以瓢、爵相配的[40]。

郭家庄 M160 的发现亦有其重要意义。这是殷墟继妇好墓发现之后，又新发现的一座保存完好、随葬品丰富的墓。墓内随葬的铜器多有铭文，可以判断主人的身份和地位，这是研究商代高级贵族葬制的新资料。随葬的青铜礼器的形制和组合亦有不同的特点，这对研究商代墓葬的青铜器组合亦有新的意义。

（七）殷墟的族墓地

在殷墟发现的墓地比较重要的有殷墟西区墓地、后冈墓地、大司空村墓地和苗圃北地墓地。各墓地的面积大小不等，墓葬数量不同，墓葬的形制和规模亦有所不同。有的墓地内有两条或一条墓道的大墓和车马坑，也有相当数量的小型土坑墓，有的墓地则没有发现大中型墓，都是小型土坑墓或无墓圹的墓。最大的墓地是殷墟西区墓地。

1. 殷墟西区墓地

殷墟西区墓地已发掘 2000 多座墓，绝大多数是长方形竖穴墓，另有 10 座带墓道的大墓和 7 座车马坑。

该墓地发掘的 2000 多座墓共分 10 个墓区。每区的墓葬数量不等，最多的有 700 多座，最少的有 40 座。墓葬多的墓区还有墓群之分，由几座、十几座或二十多座集中在一起组成。

在各墓区的墓葬内出土的铜器有族徽，每一区的族徽有别，如第七墓区墓内出土的铜器的族徽是"共"字，第八墓区的铜器族徽为"犾"字。这不同的墓区，可能就是不同的族墓地。

墓地内发现 10 座带有一条墓道的大墓，分布在第三、六、七区，其中三区有 5 座，六区 4 座，七区 1 座。墓室一般长、宽均在 4 米以上，有二层台，有棺、椁，墓底有腰坑，有的有人殉人牲。各墓均被盗掘，残存的随葬品甚少。其中 M93 出土大铜尊一对，瓿、爵各 1 件，还有戈、矛之类兵器以及车马器、石磬、陶器、漆器等。M765 有人殉 3 人和 16 个人头骨，残存的随葬器物有铜铙 3 件，还有铜戈、矛，玉石器、陶器等。

中型墓的墓室一般长 3 米，宽 2 米左右。有的有棺、椁，且有人殉，随葬品比较丰富。在第七区发现的 M1713，随葬器物有铜器、陶器和玉饰等，其中铜器有鼎、甗、簋、瓿、爵、斝、卣、尊、盉、盘等共 16 件，一组为实用器，一组为明器，还有兵器戈和矛各 30 件，钺 2 件。铜鼎有铭文"壬申王易（锡）亚鱼贝，用作父癸障。才（在）六月，隹（唯）王七祀翌日"，是殷墟发掘的惟一有纪年铭文的铜器。

小型墓有的有棺，有的无棺。随葬器物以陶器为主，有的亦有一些铜器和玉饰。有的墓则无随葬品。

这一墓地的墓葬，在文化分期上为殷墟文化的第二期至第四期，无第一期的墓，而且是前期的少，后期的多[41]。

2. 后冈墓地

在后冈墓地，已发现两条墓道的大墓 4 座，一条墓道的大墓 1 座，祭祀坑 1 座，长方形竖穴墓 60 多座。墓葬的分布分 6 组，以 1971 年发掘的西组和东组墓较多。

两条墓道的大墓均在西组，均被盗掘。1933 年发掘的大墓，墓口长 7 米，宽 6.2 米。底有腰坑，有椁室和棺。墓道分别长 30 米和 11 米。随葬器物已被盗掘一空，残留有几件车饰，填土中发现人头 28 个。

一条墓道的大墓亦在西组。M47 长 4.75 米，宽 3.10 米。有椁室和棺，腰坑内有一个人殉。残留物有石磬、木雕器、金叶、绿松石饰等。

长方形竖穴墓的墓坑，大者有 11 平方米，小者不足 2 平方米，一般在 2～3 平方米之间。大的有椁、棺，随葬品有铜器、玉器和殉人。小的无棺，有的随葬铜器，有的无随葬品。随葬的陶器以鬲、豆为主，少数有瓿、爵。

后冈发现的祭祀坑比较特殊。它是一个圆形坑，坑内埋有许多人骨和人头，其中上层埋有 25 个个体的人骨和人头，中层埋 29 个个体的人骨和人头，下层埋 19 个个体的人骨和人头。在上层出土戍嗣子鼎、爵、卣、戈、刀等青铜器和陶器 32 件以及成堆的贝、谷物和烧焦的丝麻织物。此坑时代属殷墟最晚期。据此坑埋有大量器物和出土铭文戍嗣子鼎判断，戍嗣子此人是一位地位很高的贵族，是可以接近殷王的人，很可能他本人即是王室成员。由此推测，后冈有王室成员及其家族的墓[42]。

3. 大司空村墓地

大司空东南地共发掘墓葬 900 多座，另有两条墓道的大墓 1 座，一条墓道的大墓 3 座，车马坑 4 座，祭祀坑 1 座。墓地内亦有墓区、组之分，每一组内发掘的墓多者 50 座，少者 10 多座。

带有墓道的大墓均被盗，只发现人牲，随葬品寥寥。长方形竖穴墓与其他墓地差别不大。

大司空村遗址包含了殷墟文化一至四期，但发现的墓葬，则以三、四期为主，一、二期的只占极少数。

值得注意的是，在1953年的发掘中，发现3座房基下压有墓葬，其大小恰如墓口。这几座夯土基址都是与墓葬同时建筑的，据此有人认为它是享堂一类的墓上建筑，但也有人不同意这种看法[43]。

4．苗圃北地墓地

苗圃北地墓地共发掘了300多座墓，其中有长方形竖穴墓、无墓圹墓和瓮棺葬。没有带墓道的大墓。

长方形竖穴墓随葬品以陶器为主，有铜器的极少，尤其是西部比东部的铜器墓更少。在西部发掘的100多座墓中，只有2座墓随葬有铜礼器，而东部发掘的150多座墓中，随葬铜礼器的墓占有十分之一，除觚、爵外，还有其他铜容器。

随葬陶器的墓以陶鬲为主，有一半以上的墓都有鬲，这与其他墓区亦有一些差别。殷墟陶器墓随葬陶器的组合常见的有鬲、觚、爵、豆、簋、罐和盘等。

在苗圃北地还发现许多无墓圹的墓。这类墓常发现于灰土层中，少数有人骨架，有的缺手臂，有的则被截去一段小腿骨。绝大多数无随葬品，只有个别墓有陶器或石器。

苗圃北地的文化层包含有殷墟文化一至四期，墓葬亦有一至四期墓，但一、二期墓少，三、四期墓多，后期墓比前期多一倍[44]。

殷墟发掘的大批墓葬，对研究商代后期的社会组织结构和阶级关系是很重要的资料。

殷墟墓地最突出的一点是有墓区之分。各墓区出土的铜器

中有的有族徽，不同的墓区，族徽亦有所不同。殷墟西区
1969～1977年发掘出土铜礼器175件，其中有铭文的35件，
每器铭文多数是一两个字，都是图形铭文，不同的图文有20
多种[45]，这种图形铭文多被认为是族徽。值得注意的是，同
一墓区所出的铜器族徽多相同，与其他墓区的族徽有别，如第
七区铜器常见的是"共"字，第八墓区铜器常见的族徽是
"犾"字。由此可知，不同的墓区是不同族的墓地。

从铜器族徽的不同，还可以了解到商代后期族与族之间的
关系。有的族与商王是异姓关系，有的则是同姓关系。如第七
区墓铜器上的族徽是㞢。此类族徽在武丁卜辞中常见，为
"妇㞢"，与商王不是同姓，是异姓氏族。第一墓区铜器上的
族徽是"子韦"，第八墓区是"子犾"，"子韦"和"子犾"见
于武丁卜辞，他们都是与商王有血缘关系的多子族[46]。

同一族的成员无论贵族和平民，似乎都埋葬于同族的墓地
内。在殷墟西区和大司空村墓地都发现带墓道的大墓和长方形
竖穴墓。竖穴墓有的规模较大，随葬有青铜礼器，而且有人
殉，这类墓显然是贵族墓；而更多的则是小型墓，随葬器物为
陶器，这类墓当属平民墓。

殷墟墓葬反映出的阶级关系亦十分明显。在同一墓地中，
不仅有贵族墓和平民墓，而且贵族墓有不同的等级，平民墓亦
有贫富和地位高低的不同。有的小型土坑墓不仅随葬有较多的
陶器，而且还有玉饰和一些铜器，这类墓的墓主，当是比较富
裕和有一定地位的平民。有的墓则随葬陶器少，或无随葬品，
这类墓当是比较贫穷的平民或奴隶。至于埋在灰层中的死者，
则无疑应是奴隶。不仅如此，族与族之间亦有贫富差别。殷墟
西区和大司空村墓地，各墓区都有较多铜器墓发现，随葬品亦

比较丰富，反映出这些族比较富有；而苗圃北地墓地，则铜器很少，随葬品也不丰富，反映出这一族比较贫穷。

（八）殷墟的祭祀坑、陪葬墓与车马坑

殷墟还发现有大批的祭祀坑、陪葬墓和车马坑。祭祀坑在宫殿宗庙区和侯家庄西北冈王陵区都有发现，以王陵区最多。陪葬墓主要发现于王陵区。车马坑发现的地点不少。无论是宫殿宗庙区或王陵区内的祭祀坑，都埋有人和动物，但不完全相同。

1.宫殿宗庙区的祭祀坑

宫殿宗庙区内发现的祭祀坑，主要发现于乙组基址内（图二〇）。30年代发掘时，就从乙组基址内发现较多的长方形葬坑，这些葬坑，分别发现于建筑基址的下层和上层以及基址附近。

在建筑基址下层和上层发现的葬坑分别称为"基下墓"和"基上墓"。每座基址上下压着的葬坑，多者19座，少者2座。坑内埋人或犬，埋人多者9人，少者1人；埋犬多者20只，少者1只，一般为3～5只。也有埋牛或羊的坑，有的则牛、羊合埋。这些葬坑，都是埋在大型基址上下，小型基址上下则未发现葬坑。发掘者依其层位和性质分析，分为奠基、置础、安门、落成四部分[47]，并认为这些墓葬很可能是为建筑宗庙宫殿而祭祀的牺牲[48]。有人则认为，上述基下的小葬坑可能是奠基的，基上的小葬坑大部分可能属祭祀性质[49]。

在基址之南、乙十二基址之北和西，则发现有密集的、排列成行的葬坑，分北、中、南三组。

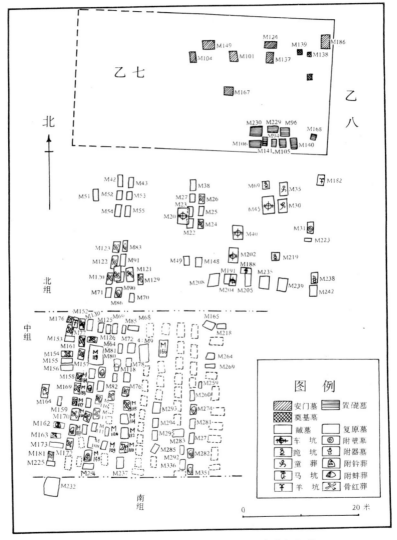

图二〇　安阳小屯乙七宗庙基址前的祭祀坑

北组有小葬坑 49 座，还有车马坑 5 座。葬坑中大部分是砍头而埋的死者。每坑大多埋 3～5 人，也有埋 6～7 人的。埋葬时先扔入躯体，再扔入头颅，坑内大部分无器物。少数坑内埋全躯，少者 1 具，多者 5 具或 7 具人骨架，有的葬式作跪状。有的坑内伴出铜礼器、兵器、玉石器，也有伴出陶器的。

中组葬坑有 80 座。这组坑内，有的为人、马、犬同埋，有的为羊、犬合埋，大部分坑则埋砍人头骨架，每坑埋人为 2～13 具骨架，多互相叠压，多数坑埋的躯体与人头相等，有的则人头多于躯体。

南组只有 1 座葬坑（M232）。此墓有棺椁，有殉人，并随葬有铜礼器、玉石器，墓主有较高的身份地位。

对这些葬坑的性质有不同的看法。有人认为它们很可能代表着军事的组织，"也可以说为落成牲。其用意固然在庆祝房屋的落成，同时也希望这些武装的灵魂保护着住在宗庙内的祖宗灵魂的安全"[50]。有人认为这些祭祀坑，"大概都是武丁以来几次大规模的杀人祭祀埋下的"[51]。有人认为南组的 M232 出土的铜器应属殷墟第一期偏早阶段，年代早于乙七、乙十一、乙十二等基址，应是这些房子建成前埋入的，墓主可能是殷王室成员或贵族。北组葬坑中的 5 座车马坑有打破墓的关系，各葬坑之间亦有打破关系，说明北组墓葬有早晚，此组墓葬不可能是以车队为中心的一个军事组织，推测这些小葬坑可能是祭祀性质的坑，砍头人骨架当系人牲，其祭祀用牲至少两次以上。5 座车马坑排列有序，可能是同时埋入的，是一次祭祖献车的遗留。中组墓大部分埋有砍头人骨架，其性质亦是祭祀坑。最西边一坑（M164）死者，不仅全躯，且有犬、马和其他随葬品，可能是这批人牲的"首领"[52]。这些不同的看法有其共同的一点，基本上都认为乙组宫殿宗庙基址的葬坑可能是祭祀坑。

2. 侯家庄西北冈的祭祀坑和陪葬墓

在侯家庄西北冈王陵区共发现小墓 1483 座，除一些分布在大墓附近外，都集中而有规律地排列，可以分成若干组。这批墓葬，除少数为陪葬墓外，多数是祭祀坑。祭祀坑分人坑、动物坑和器物坑三类。

埋人坑中有全躯单人或多人、头躯分离、无头躯体和人头坑几类，以埋无头躯体的坑最多。

多人全躯的坑，埋人少者 2 人，多者 11 人，有死后埋入的，亦有活埋的，作挣扎之状。有的墓葬有青铜器及陶器。

头躯分离坑每坑埋 1～10 个人头和无头躯体。人头被砍下，坑中的人头和躯体数并不全同。少数坑中有随葬品。

无头躯体坑每坑埋 1～12 具躯体。少数坑有随葬品。

人头坑每坑埋 3～39 个人头，大部分坑埋 10 个头，多是无头躯体坑的死者。

经人骨鉴定，所有被砍头的躯体都是男性，女性和儿童均未砍头。女性人骨年龄在 20～35 岁之间，同一坑中年龄接近。幼童在 6～10 岁之间，同一坑的年龄接近。男性均壮年，无中老年人，在 15～35 岁之间，同一坑的躯体年龄亦接近。

坑的方向不同，则年代早晚也不同，南北向的坑早于东西向的坑。南北向的坑较多。1976 年春发掘的 18 组南北向坑，埋人总数近千人，埋人最多的一组坑一次埋人达 339 人，一般的为几十到近百人[53]。

祭祀坑中的人牲种属有不同的看法，有异种系和同种系两种意见[54]。

异种系说者根据西北冈的３００多个头骨研究，认为这些人头可分五组：一组为古典类蒙古种类型；二组为海洋类尼格罗人种类型；三组为类高加索种型；四组为爱斯基摩人种型；五组为某一未确定的种系或是上述几组中某一组女性的头骨。

同种系说者则认为，殷代祭祀坑头骨并不是由三个或两个大人种成分组成的，更为可能的是由蒙古人种主干下的类似现代东亚、北亚和南亚种系组成的一大组人头骨，以接近东亚类的占多数。体质上的多种类型，可以用殷人同四邻方国部落的征战中虏获了不同方向来的异族战俘来解释。这种意见似乎比较符合殷墟人牲的实际情况。

动物坑所埋的动物有象、犬、猪、羊、猴、鸟等，以马居多。有的坑只埋动物，有的动物与人合埋，这些人应是饲养管理动物的奴隶。

马坑发掘的数量有 50 个，其中 30 年代发掘 20 个，1978 年发掘 30 个。每坑埋马少者 1 匹，多者 37 匹，以 2 匹居多。象坑在 30 年代发现 2 个，分别埋一小象与大象，合埋 1 人。1978 年发现一个象、猪同埋坑。狗坑发现 2 个，其一只有少数零乱的狗骨，其二则有小狗 10 条，和 3 人同埋。鸟坑在 30 年代发现 1 个，内埋鸟 5 只，1976 年发现 1 个，内埋鸟 5 只和 1 人。这些鸟似为鹰[55]。

西北冈东区发现的祭祀坑（图二一），有人把它与某一座大墓的祭祀相联系。1950 年发掘武官村大墓时，墓室填土中清理出 34 个人头骨，同时在大墓南边发掘出四排祭祀坑，其中有许多无头骨架，因此发掘者推测这些无头躯体与大墓内的人头相关，即在武官大墓举行下葬仪式时，杀人祭祀，砍下的人头埋在大墓填土内，躯体则埋在几排小墓中[56]。亦有人认为，西北冈的祭祀坑，其祭祀是在不同时期进行的，并不全是分属于某些大墓的，它应是商王室用于祭祀其先祖的一个公共祭祀场地。所祭的祖先，有的是盘庚迁殷以后的王，有的是迁殷以前的王[57]。

3．西北冈的陪葬墓

在西北冈发现的大墓旁的长方形竖穴坑，绝大部分埋的是被杀的人牲。也有一部分不属于人牲墓，这些墓被认为是从属于某座大墓的陪葬墓。在 M1001 号大墓东侧发现的 22 座埋人墓中，有的墓如 1959 年发掘的 M1 和 1984 年发掘的 M259，都有棺、椁，有人殉，而且随葬铜礼器和兵器，还有陶器。其中 M1 有人殉 2 人和 4 个人头，随葬的铜器有鼎、甗、斝、瓿、觚、爵、铲、刀、戈共 16 件和 8 件陶器。M259 被盗，残存的铜器有鼎、甗、盘、斝、钺、戈、铲，亦有人殉和 14 个人头。这类墓被认为是属于某座大墓的陪葬墓[58]。

4．殷墟的车马坑

殷墟发现的车马坑约有 30 多座。其中 30 年代在小屯北地发现 5 座，50 年代至今又发现 20 多座。发现地点有大司空村、孝民屯、白家坟、殷墟西区、郭家庄、刘家庄北地、梅园庄东南地等。30 年代发现的车马坑，由于受当时的发掘水平所限，未能将车子的结构搞清，50 年代以后发现的车马坑，则注意了车子结构的清理，将各车马坑内所埋的车子结构搞清了，为殷代车子的复原提供了依据。

从保存比较完整的车马坑来看，殷墟车马坑内，每坑所埋的车马数量不等，其中有一坑埋车 2 辆、马 4 匹和车 2 辆、马 2 匹以及车 1 辆、马 2 匹三类，以一坑埋车 1 辆、马 2 匹居

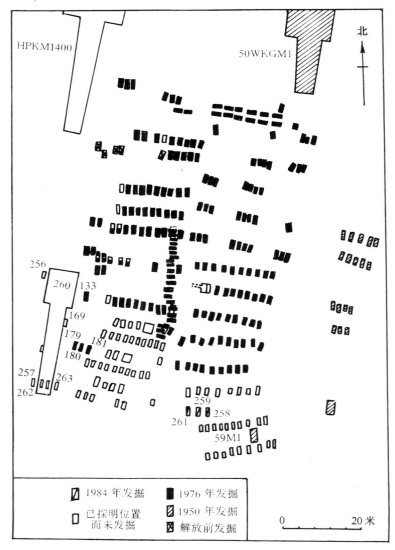

图二一　安阳武官村王陵东区商代后期祭祀坑分布图

多。不少车马坑内同时埋有人骨架，埋 1～3 人。有些车马坑内有兵器和工具。兵器有铜质或石质的戈和镞，有弓形器，其中镞往往是 10 枚一束装在矢箙内。有兵器的车可能是战车，无兵器的车可能为交通车。

殷墟发现的车子由两轮、一轴、一舆、一辕、一衡构成（图二二）。轮子的辐条为 18～22 根，以 18 根居多。在车马坑发现有铜车饰和马饰，车饰有䡇、辖、踵、轵等，马饰有衔、镳、节约、铜泡和各种兽形饰。在小屯 M40 出的舆盘，由青铜轵饰、踵饰以及 18 条龙、4 条玉龙所组成，相当华丽。

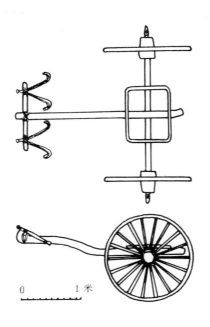

0   1 米

图二二　安阳大司空村 M175 车子复原图

这些车马坑的性质有两类，一类是陪葬性质，一类为祭祀性质。在大司空村、殷墟西区、西北冈和后冈等地发现的车马坑均位于大中型墓附近或大墓墓道内，这类车马坑可能是陪葬的。在王陵区东区和宫殿区发现的车马坑则可能是殷王在宗庙和王陵祭祀祖先的遗迹[59]。

在殷墟发现的车子中，有两点值得注意：一是曲衡马车，二是车轵。过去一般认为殷代马车都是直衡的，但甲骨文中的车字，有的是曲衡的，因此有的学者推测殷代亦有曲衡车。1987年在郭家庄发现的M52车马坑，其车衡是一根形如弓状弯曲的圆木，从而证明殷代有曲衡车。过去一般认为西周、春秋时代的车子才有车轵，殷代没有。1993年在刘家庄北地发现的M348车马坑中发现有车轵[60]，证明殷代亦出现了车轵。

殷墟车马坑的发现，充分说明商代后期已使用马车。这批资料对研究我国古代车子的制造及其发展的历史都有很高的价值。从这批资料来看，殷代马车的结构已相当完善，与西周的马车已无多大差别。

（九）珍贵的甲骨文

甲骨文是殷墟的重要遗物之一（图二三）。殷墟出土的甲骨文据估计总数达15万片之多[61]。但是，经过科学发掘所得的甲骨文则大约只有4万片左右。考古发掘的甲骨文中，在30年代的发掘中出土2.7万片，其中前中央研究院历史语言研究所考古组的15次发掘，共获得刻辞甲骨24918片，包括字甲22718片，字骨2200片。原河南省博物馆于1929年秋和1930年春的发掘获得刻辞甲骨3656片，其中字甲2673片，

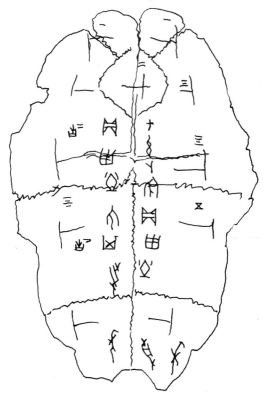

图二三　殷墟甲骨文（据《甲骨文合集》）

字骨 983 片[62]。

50 年代以来，在殷墟的发掘中又发现甲骨文 6 千多片，主要出土于小屯南地和花园庄东地，其中小屯南地出土甲骨5041 片[63]，花园庄东地出土 1583 片[64]。此外，在大司空村、四盘磨、薛家庄南地、后冈和小屯村附近亦有零星甲骨文的发现。

在 30 年代发掘出土的甲骨文中，出土最集中的是小屯村北发现的 YH127。此坑共出土刻辞甲骨 1.7 万片，绝大部分是字甲，少数是字骨，其中完整的龟甲就有 300 多片，而且时代单纯，都属于武丁时代卜辞。有不少甲骨文是用墨或朱写的简单文辞，或涂朱涂墨的刻辞。还有一些龟甲契刻有卜兆现象，亦有一些改制的背甲。有的龟甲则记载有龟甲来源的刻辞，因此这坑的甲骨被认为是有意储藏的[65]，是殷王朝的档案库。

小屯南地出土的 5000 多片甲骨是 1973 年发现的。这批甲骨有一部分出土于近代扰土层和隋唐墓的填土中，但均属小片甲骨。大部分出土于殷代灰坑，其中 64 个灰坑出土甲骨，少者一片，多者几百片乃至上千片。在 64 个灰坑中共出 3000 多片，而近代扰土层和隋唐墓填土中出的甲骨为 1000 多片。其中出刻辞卜骨最多的是 H24，共出 1315 片，其中大块的牛肩胛骨就有 50 多版，没有一片甲骨。这些卜骨分五层堆积，其中一、二层是小片卜骨，三至五层为大片卜骨。这坑被认为和 YH127 一样，亦是储藏甲骨的窖穴。

小屯南地出土的卜骨亦有其特点：一，有不少大版刻辞胛骨，总数达 100 多版，这是历次发掘的甲骨中所未见；二，骨多甲少，在 5000 多片甲骨中，字甲只有 70 片，其余均为字骨。在出土集中的坑中，有的全是卜骨，有的绝大部分是卜骨，只有几片小卜甲，看来骨与甲是异地埋藏的；三，这批卜骨绝大多数刻的是康丁、武乙、文丁卜辞，只有少数是武丁和帝乙、帝辛的卜辞；四，刻辞的内容丰富，包括祭祀、田猎、农业、天象、征伐、旬夕、王事等内容，其中有不少是新见的人名（包括贞人名）、称谓、地名、方国名和新字、新词，还有军旅编制、天文等新材料；五，这批甲骨出土时多有可靠的地层关系，并有陶器共存，对甲骨文的断代与殷墟文化分期研究具有科学价值[66]。

花园庄东地的甲骨是 1991 年发现的。出土甲骨的坑是 H3，坑内堆积分四层，在第三层和第四层发现甲骨，厚达 0.8 米。甲骨层上部出的甲骨以小片居多，下部则以大块龟甲为主。此坑出土的 1583 片甲骨中，有卜甲 1558 片（包括刻辞腹甲 557 片，刻辞背甲 17 片），卜骨 25 片，上有刻辞的 5 片，共计刻辞甲骨 579 片。

这批甲骨的特点是：以大版卜甲为主，其中完整的卜甲达 755 版，有刻辞的为 300 版。除整甲外，半甲和大半甲亦不少，半甲以上的大块甲骨占此坑出土甲骨总数的 80%。刻字甲骨中，每版刻字少者一二字，多者达一二百字，一般为数十字，内容主要涉及祭祀、田猎、天气、疾病等方面，卜辞的问疑者不是王，而是"子"。

这批甲骨的时代，据出土层位和共存的陶器推断属武丁时代。从甲骨上的字体大多细小、工整、秀丽看，与武丁时代的"宾组卜辞"有较大区别，而与"子组"、"午组"、"自组"卜辞有某些相似，但又具有独特的风格。

花园庄东地出土的甲骨卜辞的特点和时代，说明武丁时代不仅殷王进行占卜，而且王室贵官和地位显赫的贵族，都可以独自进行占卜活动[67]。因此，这批甲骨文的出土，对甲骨文的分期断代和商代历史的研究都具有新的意义。

甲骨文的发现已有 100 年的历史。100 年来发现的甲骨总数已达 15 万片以上，契刻的文字约有 5000 多个单字，其中已释读出来的字有 1000 多个，出版的甲骨著录有七八十种。其中近年出版的《甲骨文合集》，就是一部集大成的甲骨著录，它不仅汇集了几万片甲骨资料，而且还吸收了前人的研究成果。在商代历史研究中，甲骨文是最为珍贵的史料，卜辞的内容涉及到商代历史的方方面面，这是当时人的文字记录，是最真实最可靠的史实。甲骨文的研究在国内外拥有大批学者，取得的研究成果极为丰富。因此，甲骨学已成为一门世界性的学问。世界各地的学者，在研究甲骨文中，无不赞叹商代文明的辉煌。

（十）瑰丽的殷墟青铜器

青铜器亦是殷墟的重要遗物。殷墟出土的青铜器有四五千件。据统计，30年代发掘出土的青铜器中，礼器有170多件，兵器有1340多件，还有工具以及其他杂器。1950～1986年的发掘，获得的青铜器粗略统计有礼器650多件，兵器有1400多件，亦有一些工具、用具、艺术品及杂器[68]。1986年以后还有不少青铜器出土。

殷墟发现的青铜器，主要出土于大中型墓，有些小型墓亦有出土。在带有墓道的大墓中（包括王陵），由于均被盗，获得的青铜器不多。获得铜器最多的是保存完好的第五号墓即“妇好墓”，此墓出土的青铜器达468件，种类齐全，其中礼器就有210件。这是一座王室墓，墓的规模不大，随葬的青铜器竟如此之多，由此可知王陵随葬的青铜器当更加可观。

殷墟出土的大批青铜器，有礼器、乐器、兵器、工具、生活用具、装饰艺术品和车马器等几类。礼器有鼎、甗、觚、斝、爵、盉、尊、罍、卣、壶、瓿、觯、簋、盂、觥、方彝、盘、鬲、甗、缶、罐等20余种。乐器有铜铙1种。兵器有戈、矛、戳、钺、大刀、胄、镈、镞、弓形器等。工具有斧、锛、凿、削、刀、锥、铲、钻、锯、箕等10余种。车马器有舌、辖、辕饰、踵饰、马衔、铜镳、铜泡等几种。装饰艺术品有人面具、人头面具、铜牛、铜虎、铜铃、铜眉和尺形器等。生活用具有铜镜、杖首、漏、勺、箸、笋、器柄、器座、角形器、管状器等。这些青铜器中铸造技术工艺最为精美的是礼器。

殷墟出土的青铜礼器，不仅种类多，而且形式多样。各类礼器都有不同的形式，从大的方面而言，各种器物都有圆形、方形，还有一些扁体器，以圆形器为主。方形器有方鼎、方尊、方彝、方壶、方罍、方斝、方瓿、方卣几种。扁体器较少，有扁壶等。从细部而言，各类器物的形式都有局部变化。器体亦有大小轻重的不同，最大最重的器物是传为武官村大墓出土的司母戊大鼎，它通高133厘米，长110厘米，宽78厘米，重875公斤。此外，侯家庄西北冈M1004大墓出土的牛鼎和鹿鼎以及妇好墓出土的两件司母辛大方鼎，亦是大型重器。在器物的造型方面，有的器物结构复杂，如妇好墓出土的三联甗（图二四）、偶方彝、提梁卣等，其结构就相当复杂。有的器物则模仿动物的造型，如妇好墓出土的鸮尊、四足觥模仿鸟、兽的形象造型。这类模仿动物形象的器物，既具有实用性，亦具有很高的艺术性。

殷墟青铜礼器绝大多数都铸有花纹。花纹种类有神话性动物花纹、写实性动物花纹和几何形花纹三类。神话性动物花纹有饕餮纹、夔纹、龙纹和凤纹等。写实性动物花纹有虎、牛头、鹿头、蛇、鸮、鸟、鱼、龟、蝉、蚕及人头纹等。几何形花纹有圆涡纹、人字纹、弦纹、三角纹、目雷纹、云雷纹、乳

图二四　妇好三联甗（小屯 M5 出土）

钉纹、蕉叶纹、联珠纹、菱形纹等平面花纹，以饕餮纹为主。此外还有立体花纹装饰，主要在某些器物上饰突起的怪兽、象头、牛头、羊头、龙头及鸟头形象的装饰。花纹布局有简有繁，或在器物的上腹饰一周带状花纹，或通体饰细密的花纹，多为三层花纹，并有主纹与地纹相配，主纹高浮于地纹之上，云雷纹衬地。

殷墟出土的铜器有不少还铸有铭文。铭文字数不等，少者一二字，多者有 10 余字或 20 余字，最多有 30 字。铭文少者一般为族徽、族名或人名，铭文多者为记事铭。年代早的铜器铭文较少，年代晚的铜器铸铭文较多。在殷墟西区发现的

M1713，其时代被断定属帝辛时代，此墓出土的一件铜鼎，铸有铭文 21 字，为"壬申王易（锡）亚鱼贝用作兄癸障才（在）六月佳（唯）王七祀翌日"，一件簋和爵上均铸有铭文 12 字，为"辛卯王易帝鱼贝用作父丁彝"。在后冈杀殉坑中出有一件铜鼎，铸有铭文 30 字，其时代亦属殷墟晚期。

殷墟青铜器的铸造方法采用了浑铸法和分铸法两种。据妇好墓出土的 43 件铜器分析，采用浑铸法铸造的有 19 件，分铸法铸成的有 24 件。浑铸法即一次浇铸法，对器形简单的圆鼎、甗、瓿、觯、罐等八种都采用此法。分铸法又分先铸法和后铸法两种，后铸法是先铸器体，再在其上相应部位接铸附件，先铸法是先铸附件，再将附件放入主体的陶范中接铸成整器[69]。

青铜器的合金成分因器物的用途不同而各异。据妇好墓出土的铜器化验，分铜锡型和铜锡铅型两种。在化验的 91 件铜器中，有礼器 65 件，兵器 12 件，工具 4 件，残片 10 件，属铜锡型铜器的有礼器 47 件，兵器 12 件，残片 7 件，铜锡铅型有礼器 18 件，工具 4 件，残片 3 件。

铜锡型的礼器，有一半含铜量为 80% ～ 82%，锡为 16%～18%。兵器中的戈含铜量在 84% ～ 90% 之间，锡为 8%～13%；镞含铜为 80%，锡为 19%。

铜锡铅型的礼器，含铜量为 77% ～ 82% 之间，锡为 12%～20%，铅为 2.1%～7.8% 之间，都有微量的锌。工具含铜为 79%，锡为 17%，铅为 2.5%～3% 之间，亦有微量的锌。器物中含的铅，绝大多数都是有意加入，说明当时已掌握冶铸三元合金的工艺[70]。

殷墟青铜器的铸造工艺，无论是铸造方法还是各类器物的形制和花纹装饰，都承袭于商代二里冈期铜器的铸造工艺，但又有明显的发展变化。这种发展变化主要表现在三个方面：

一是各类器物的形制和种类有所增加，形式亦比较复杂。突出的是，殷墟的铜礼器中，方形器有较大的发展。在商代二里冈期的铜礼器中，只见方鼎一种，殷墟的方形器除方鼎外还有方尊、方罍、方斝、方卣、方壶和方彝等器。其次是出现了结构比较复杂的三联甗、偶方彝和仿鸟、兽形的鸮尊和四足觥等新器形。

二是花纹装饰更加精美。殷墟铜器中不仅礼器有花纹装饰，而且兵器亦有花纹装饰。装饰的花纹不仅沿袭了二里冈期铜器的花纹，而且出现了不少新纹饰。如平面花纹中出现蕉叶纹、兽面三角纹、鸟纹、鹿纹、蝉纹、蚕纹等，而且地纹常见。立体花纹的种类亦有增多，在二里冈期铜器的立体花纹中，只见到牛首、羊首形象。殷墟铜器的主体花纹中，除牛头、羊头的形象外，还有怪兽头、象头、龙头、鸟头和龙等。在布局上则多为三层花纹，通体饰细密花纹的器物更多，其中有方鼎、圆鼎、尊、罍、瓿、簋、卣、壶、盉、觯、斝、爵、方彝等器，都有通体饰花纹者。

三是出现铭文。殷墟出土的铜器多铸有铭文，以礼器铸铭文居多，有的兵器亦铸有铭文，其中早期铜铸铭文的字较少，常见的为一二字或三四字，晚期铜器铭文较多，最多者达30字。

殷墟铜器铸造工艺的明显变化，是从殷墟文化第二期开始的。在殷墟文化第一期中，出土的铜器种类和数量都不多，其中礼器的形制和花纹保存有较多的二里冈上层铜器的风格。第二期的铜器出土数量和种类都相当多，形制和花纹亦比较复杂，并出现铭文，形成比较鲜明的时代风格。各期青铜器的基本情况如下：

殷墟一期铜礼器分早、晚两段。早段的礼器主要有鼎、尊、瓿、卣、斝、觚、爵几种，晚段增加甑、盉、方卣和方爵。早段的纹饰主要有饕餮纹、弦纹、联珠纹、云雷纹、目云纹、斜格云雷纹和圆涡纹等，布局上多单层花纹，晚段增加了三角形纹、对角雷纹和钩连云雷纹等，出现了以雷纹为地的复层花纹。此期铜器未见铭文。

殷墟二期铜器中，礼器的种类繁多，除第一期礼器的种类外，还出现簋、罍、方彝、觯、壶及箕形器等。花纹亦比第一期增多，同一类花纹中往往又有多种不同的形象，不少形象是第一期所未见。主纹多为复层花，辅助花纹多单层花，亦有少量复层花。纹饰分神话性动物纹、写实性动物纹和几何形纹三类，第一类有饕餮、夔、龙、凤纹等，第二类有虎、牛头、鹿头、蛇、鸮、鸟、鱼、龟、蝉以及人头纹等，第三类有圆涡纹、弦纹、人字形纹、三角形纹、兽面三角纹、目雷纹、云雷纹、乳钉纹、蕉叶纹、对夔蕉叶纹等。此期铜礼器多有铭文，为一至四字不等，以二三字多见。内容以族徽、方国名、私名较多，也有"亚"字加方国或族名的、私名附爵位或官职名的，亦有为谁作器的内容等。

殷墟三期铜器，礼器主要有方鼎、圆鼎、簋、尊、卣、罍、斝、觯、觚、爵等，各类器物亦有不同的形式。花纹与二期接近，其中饕餮纹有四五种形象，夔纹多见，亦多复层花。此期铜器亦多有铭文，以二三字多见，内容亦有族徽、私名、日名加族徽、亚加族名或方国名等。

殷墟四期铜礼器，亦有方鼎、圆鼎、鬲、簋、尊、卣、斝、觯、盉、觚、爵等，各类器物亦有不同的形式。花纹与第三期接近，但有些纹饰减少，如蕉叶纹和三角形纹比三期少。此期铜器铭文比二、三期多一些，一般为三至五字，字数最多的30字。内容有作器者的族名或私名，有日名或族徽加日名，亦有王为某作器、某为某作器、某日王赐某贝、某为父作器等[71]。

殷墟青铜器出土数量和种类之多，铸造工艺之精美，表明商代晚期青铜文化已达到相当高的水平，是商代青铜文化的鼎盛时期。

（十一）精美的殷墟玉器

殷墟出土的玉器，数量亦相当可观，已获得的发掘品约有2000多件。这些玉器主要出于大墓和中型墓，为墓主人的随葬品，小墓及居住遗址内很少发现。出土玉器最多的墓是1975年发掘的妇好墓，此墓出土玉器达755件，其中还有不少小件残玉器未计算在内。30年代发掘的王陵，由于被盗，获得的玉器很少，估计此类墓随葬的玉器应该是相当多的。

殷墟的玉器，色泽绚丽多彩，表面光洁度高。玉色以深浅不同的绿色最多，计有墨绿、淡绿、茶绿、黄绿等色，黄绿较少。其次有黄褐、棕褐、灰色、白色、黄色、黑色、蓝色、银灰和橘红等色。这些玉色中多含有与主色相异的玉斑，纯色较少。

殷墟玉器的质料，根据对妇好墓出土的部分玉器的鉴定，大部分为软玉，少数为硅质板岩和大理石岩。软玉中以青玉居多，白玉较少，青白玉、黄玉和糖玉更少。这几种玉料大体都是新疆玉。亦有人认为殷墟玉器中有独山玉。

　　殷墟玉器的琢雕技术工艺精湛，有其突出的特点，主要有如下四方面。

　　一是选料用料有缜密思考。它往往以同一块玉料或相近的材料琢雕出成对之物，如妇好墓中出土的成对玉象和玉马即其例。同时还善于利用玉料的自然形态，设计出比较切合的题材，如妇好墓出土的一件作卧回首状的玉牛，就是依据此件籽玉前高后低的自然形态设计的。尤其是小屯村北的一座房基内出土的一件圆雕玉鳖，背甲呈黑色，头、颈和腹部都呈灰色，这是利用玉料的天然色彩创作的"俏色"作品。

　　二是造型优美，多姿多彩。在殷墟玉器中有不少人物和各类动物的雕像，神态各异，既有静止状态，亦有运动状态，鸟雕像中有的作飞翔的姿态。妇好墓中出土的一件玉鹰，尖喙歪头，两翼展开，作冲天直飞的姿态，刚健有力。殷墟西区的一座墓中出土有一件玉雁，作伸颈飞翔形象，给人以飞向远方的感觉。

　　三是大多数玉器都雕刻有花纹，线条流畅，布局协调和谐。花纹的雕刻有阴线和阳线，精致的玉兽、玉鸟，主纹多为阳纹，次要花纹多为单线阴刻。阳纹，特别是凸浮于玉面上的浅浮雕，难度较大，但纹样舒展醒目，艺术性较高。

　　四是比较熟练地掌握了镂孔、钻孔和抛光技术。大多数玉器都有1～3个圆孔，钻孔方法有管钻和桯钻两种。孔眼较大的璧、环、镯中心部位的孔眼都用管钻法，以单面施钻多见；玉器上用于佩带的小孔，概为桯钻，厚者多为两面钻通，薄者为一面钻通。多数玉器光洁晶莹，这反映出当时的抛光技术已有相当高的水平。

　　殷墟的玉器共分七类，有礼器、仪仗、工具、用具、装饰品、艺术品和杂品。

礼器有琮、圭、璋、璧、环、瑗及簋（图二五）、盘共八种。其中琮、圭、璋出土数量不多，璧、环、瑗较多，簋只有2件，盘1件，均出土于妇好墓。这些礼器多刻有花纹，有弦纹、蝉纹、饕餮纹等纹饰。其中最精美的是妇好墓出土的两件玉簋，不仅造型优美，而且通体雕刻有花纹。这两件玉簋和一件玉盘，估计应为王室作祭祀或飨宴的用具。

仪仗有戈、矛、戚、钺（图二六）、大刀和镞六种。最精美的是妇好墓中出土的一件大刀，两面都雕刻有精致的龙纹。此墓还出土一件玉援铜内戈，铜内的花纹上还镶嵌有绿松石片，另一件玉戈的内后部则雕刻有"卢方皆入戈五"六字，被认为是方国的贡品。

工具有斧、凿、锛、锯、刀、铲、镰和纺轮等。最精美的是妇好墓中出土的一件玉斧（图二七），两面均雕刻有精细的兽面纹。有一件玉铲亦雕刻有精细的饕餮纹，并有扉棱。

用具有梳（图二八）、耳勺、匕及研磨朱砂的臼、杵和盘。玉梳的形状不一，在妇好墓出土的玉梳中，有一件梳背雕双鹦鹉纹，另一件梳背雕饕餮纹，比较精美。妇好墓出土的一件调色盘，造型精巧，盘后端两面均雕双鹦鹉纹，有纽可悬挂，亦是很精美之品。

装饰品的数量最多。有佩带的饰物，包括头饰、冠饰、臂饰和衣上的坠饰等，亦有镶嵌的饰品。这些饰品，雕刻都很精细，是殷墟玉器中的精华。

佩带和镶嵌的饰物，题材多样。有人像、人头像以及各种神话性和写实性的动物形象。人像有圆雕像和浮雕像，多作跪坐，亦有站立状。跪坐像一般是双手抚膝，表情神态各异，有

图二五　玉簋（小屯 M5：321）

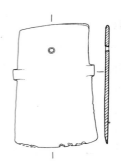

图二六　玉钺（小屯 M5：558）

图二七　玉斧（小屯 M5：920）

图二八　玉梳（小屯 M5：557）

图二九　玉凤（小屯 M5：350）

图三〇　龙形玉玦（小屯 M5：469）

裸体，亦有身着衣冠像，后者通体刻有花纹。神话性动物像有龙、凤（图二九）、怪鸟和怪兽像，雕刻精工，其中妇好墓出土的一件圆雕蟠龙，工艺最为出色。有一件怪鸟负龙浮雕作品，则呈现踩云升天的画面，构思新颖。写实性动物种类繁多，包括兽、畜、禽、鸟、鱼、蛙及昆虫等，以浮雕较多，圆雕较少。种类有虎、象、熊、鹿、猴、马、牛、狗、兔、羊、鹤、鹰、鸥鹓、鹦鹉、雁、鸽、燕、鸬鹚、鹅、鸭、鱼、蛙、龟、鳖、螳螂、蚱蜢、蝉、蚕等三十余种，这些动物形象逼真，神态各异。

在佩带的饰品中，还有牙璧、璜、玦（图三〇）和柄形饰等。璜的雕刻比较精致，有的雕成龙或鱼形，在妇好墓出土的一件大型璜，两面各雕人面鸟身纹和带冠的侧身人面纹像，形象诡异，是璜中之精品。玦多雕刻成龙形和虺形，身尾饰云纹，亦比较精美。

艺术品不多。此类玉器玉质较好，无孔无眼，不能佩带或镶嵌，大概作陈列观赏用。妇好墓出土的一件圆雕玉龙、两件圆雕玉虎和一件玉凤，可能就是作观赏的艺术品[72]。

殷墟玉器、甲骨文和青铜器都是殷墟文化中的瑰宝。这些玉器为奴隶主贵族所拥有，其琢雕技术工艺水平之高，说明商代文明具有很高的水平。

注　释

[1] 田涛：《谈朝歌为殷纣帝都》，《全国商史学术讨论会论文集》，《殷都学刊》增刊1985年。

[2] 秦文生：《殷墟非殷都考》，《郑州大学学报》1985年第1期。

[3] 杨锡璋：《殷墟的年代及其性质问题》，《中原文物》1991年第1期。

[4] 戴志强等:《论帝乙帝辛时期殷都未迁——谈朝歌在晚商的地位》,《殷都学刊》增刊 1985 年。

[5] 同 [3]。

[6] 郑振香:《有关殷王都的三个问题》,《殷墟的发现与研究》第 49 页,科学出版社 1994 年版。

[7] 张光直:《殷墟 5 号墓与殷墟考古上的盘庚、小辛与小乙时代问题》,《文物》1989 年第 9 期。

[8] 董作宾:《甲骨文断代研究例》,《中央研究院历史语言研究所集刊外编第一种:庆祝蔡元培先生六十五岁论文集》,商务印书馆 1933 年版。

[9] 陈梦家:《殷墟卜辞综述》,科学出版社 1956 年版。

[10] 邹衡:《试论郑州新发现的殷商文化遗址》,《考古学报》1956 年第 3 期。

[11] 邹衡:《试论殷墟文化分期》,《北京大学学报》(人文学科)1964 年第 4、5 期。

[12] 中国科学院考古研究所安阳发掘队:《1958～1959 年殷墟发掘简报》,《考古》1961 年第 2 期。

[13] 中国社会科学院考古研究所:《殷墟发掘报告(1958～1961 年)》第 235 页,文物出版社 1987 年版。

[14] 中国科学院考古研究所安阳发掘队:《1962 年度安阳大司空村发掘简报》,《考古》1964 年第 8 期。

[15] 中国社会科学院考古研究所:《小屯南地甲骨》(第一分册)第 11～12 页,中华书局 1980 年版。

[16] 杨锡璋:《安阳殷墟西北冈大墓的分期及有关问题》,《中原文物》1981 年第 3 期。

[17] 中国社会科学院考古研究所:《殷墟的发现与研究》第 28～31 页,科学出版社 1994 年版。

[18] 石璋如:《殷墟建筑遗存》,台湾台北历史语言研究所 1959 年版。

[19] 同 [18],序言。

[20] 陈志达:《小屯东北地的殷代宫殿宗庙遗址》,《殷墟的发现与研究》第 51～69 页,科学出版社 1994 年版。

[21] 郑振香:《安阳殷墟大型宫殿基址的发掘》,《文物天地》1990 年第 3 期。

[22] 同 [13],第 11～69 页。

[23] 周到等:《1959 年秋安阳高楼庄殷代遗址的发掘》,《考古》1963 年第 9 期。

[24] 陈志达:《小屯村东北地铸铜遗址》,《殷墟的发现与研究》第 92 页,科学出

版社 1994 年版。

[25] 陈志达：《殷代制骨作坊遗址》，《殷墟的发现与研究》第 93～95 页，科学出版社 1994 年版。

[26] 杨锡璋、刘一曼：《1980 年以来殷墟发掘的主要收获》，《中国商文化国际学术讨论会论文集》，中国大百科全书出版社 1998 年版。

[27] 中国社会科学院考古研究所：《殷墟的发现与研究》第 101～109 页，科学出版社 1994 年版。

[28] 同［16］。

[29] 同［27］。

[30] 同［11］。

[31] 张光直：《中国青铜时代》第 207～208 页，生活·读书·新知三联书店 1983 年版。

[32]《安阳殷墟五号墓座谈纪要》，《考古》1975 年第 5 期。

[33] 同［16］。

[34] 杨锡璋：《商代的墓地制度》，《中原文物》1983 年第 10 期。

[35] 同［16］。

[36] 陈梦家：《殷代铜器》，《考古学报》第七册。

[37] 中国社会科学院考古研究所：《殷墟妇好墓》，文物出版社 1980 年版。

[38] 杨锡璋：《商代的族坟墓制度》，《考古》1983 年第 10 期。

[39] 中国社会科学院考古研究所：《殷墟郭家庄商代墓葬》，中国大百科全书出版社 1998 年版。

[40] 同［26］。

[41] 杨锡璋：《殷墟西区墓地》，《殷墟的发现与研究》，科学出版社 1994 年版。

[42] 杨锡璋：《后冈墓葬群》，《殷墟的发现与研究》第 129 页，科学出版社 1994 年版。

[43] 杨锡璋：《大司空村东南地墓葬群》，《殷墟的发现与研究》第 132 页，科学出版社 1994 年版。

[44] 杨锡璋：《苗圃北地铸铜遗址墓葬群》，《殷墟的发现与研究》第 135 页，科学出版社 1994 年版。

[45] 中国社会科学院考古研究所安阳工作队：《1969～1977 年殷墟西区墓葬发掘简报》，《考古学报》1979 年第 1 期。

[46] 同［34］。

[47] 同［18］，第 281 页。

[48] 石璋如：《乙区基址上下的墓葬》第 4 页，台湾台北历史语言研究所 1976 年版。

[49] 同 [20]，第 60 页。

[50] 同 [18]，第 300 页。

[51] 北京大学历史系考古教研室：《商周考古》第 68 页，文物出版社 1979 年版。

[52] 同 [20]，第 62～63 页。

[53] 同 [17]，第 113～117 页。

[54] 《安阳殷墟头骨研究》，文物出版社 1985 年版。

[55] 同 [17]，第 113～120 页。

[56] 郭宝钧：《一九五〇年春殷墟发掘报告》，《中国考古学报》第五册，1951 年。

[57] 杨锡璋等：《从商代祭祀坑看商代奴隶社会的人牲》，《考古》1977 年第 1 期。

[58] 同 [17]，第 120 页。

[59] 杨宝成：《殷墟发现的车马坑》，《殷墟的发现与研究》第 138～146 页，科学出版社 1994 年版。

[60] 同 [26]。

[61] 胡厚宣：《八十五年来甲骨文材料之再统计》，《史学月刊》1984 年第 5 期。

[62] 中国社会科学院考古研究所：《殷墟的发现与研究》第 148、151 页，科学出版社 1994 年版。

[63] 中国社会科学院考古研究所：《小屯南地甲骨》（上册），中华书局 1980 年版。

[64] 中国社会科学院考古研究所安阳工作队：《1991 年安阳花园庄东地、南地发掘简报》，《考古》1993 年第 1 期。

[65] 董作宾：《殷墟文字乙编》序，《中国考古学报》第四册。

[66] 刘一曼：《甲骨文的科学发掘与研究》，《殷墟的发现与研究》第 160 页，科学出版社 1994 年版。

[67] 同 [26]。

[68] 中国社会科学院考古研究所：《殷墟的发现与研究》第 255 页，科学出版社 1994 年版。

[69] 华觉明等：《妇好墓青铜器群铸造技术的研究》，《考古学集刊》第 1 辑，中国社会科学出版社 1981 年版。

[70] 中国社会科学院考古研究所实验室：《殷墟金属器物成分的测定报告》（一），

《考古学集刊》第 2 辑，中国社会科学出版社 1982 年版。

［71］中国社会科学院考古研究所：《殷墟的发现与研究》第 270～299 页，科学出
版社 1994 年版。

［72］中国社会科学院考古研究所：《殷墟的发现与研究》第 323～350 页，科学出
版社 1994 年版。

六 诸边地区的夏商时期文化

在诸边地区发现的夏商时期文化，可谓多姿多彩。总的说来，各地区发现的夏商时期文化都与中原夏商文化面貌有所不同，均有其自己的地方特点。其中与中原接壤地区的夏商时期文化，与中原的夏商文化比较接近，边远地区的夏商时期文化，则具有鲜明的地方特点，然亦带有某些中原夏商文化特征。但是，在各地发现的青铜器中，除四川地区出土的商代铜器外，都具有浓厚的中原殷商铜器作风和特征，亦带有某些地方特点，这说明中原夏商文化对诸边地区的文化有强烈影响。而四川境内出土的商代铜器则地方特色较浓，亦带有中原殷商铜器特征。

（一）中原北部和北方地区的夏商时期文化

中原北部和北方地区的夏商时期文化，以冀南地区的文化遗存比较接近中原的夏商文化，冀北和北方地区的文化遗存则与中原的夏商文化有别，地方特点鲜明。

冀南地区的夏商时期文化，有先商文化、二里冈期商代文化和晚商文化。先商文化相当于夏代，二里冈期文化属早商，晚商文化与殷墟文化的时代相当。

先商文化，是指商汤灭夏之前的商文化，其时代相当于夏代，属商族先公先王时期遗存。先商文化主要发现于冀南、豫北地区，郑州地区亦有先商文化发现。这些地区发现的先商文化，面貌特征相近，亦有一些差别。因此被划分为三种类型，即漳河型、辉卫型和南关外型。这三种类型文化，与豫西地区分布的二里头文化差别大，但时代相当，都晚于龙山文化而早于二里冈期商代文化。

冀南地区的先商文化主要属漳河型。这一类型的文化面貌有其自身的特点，主要表现在陶器上。漳河型陶器以灰陶、褐陶和黑陶为主，亦有一些红胎黑皮陶。纹饰流行细绳纹，亦有篮纹、方格纹、附加堆纹、旋纹、楔形点纹和弦纹，其中以旋纹和楔形点纹较具特色。器类有鬲、甗、鼎、盆、豆、爵、杯、盘、瓮等，以平底和三足器居多，少见圜底器，其中炊器以鬲、甗为主。

漳河型陶器与分布在豫北和郑州的辉卫型、南关型陶器基本相同，与分布在豫西地区的二里头文化陶器则有较大差别。二里头文化的陶器以罐、鼎为主要炊器，漳河型则以鬲、甗为主要炊器。其次两者的器形和纹饰亦有所不同，二里头文化的陶器中所见的器物如三足盘、盉等，在漳河型陶器中不见。由于两者的陶器特征不同，因此被确定为属于两种不同系统的文化。而南关外型、辉卫型和漳河型文化与郑州二里冈期商代文化的陶器特征非常接近，其年代早于二里冈期文化，因此被确定为先商文化。

漳河型文化被分作三期，各期的年代，依陶器的变化，并参考[14]C测定的年代数据推定为：一期的年代大致相当于二里头文化二期，二、三期的年代相当于二里头文化三期。其中，漳河型三期年代的下限，也可能延续到二里头文化四期偏早[1]。

冀南地区发现的商代文化，早期与郑州二里冈期商代文化面貌相似，晚期文化则与殷墟文化相似 。在藁城台西商代遗址发现的商代文化分早、晚两期，早期的陶器和青铜器与郑州二里冈上层的陶器和青铜器基本相同，晚期的陶器和青铜器则与殷墟陶器和铜器相似。

在藁城台西发现的商代早期陶器以灰陶为主，亦有一些红陶和黑陶。器类有鬲、甗、鼎、甑、斝、罍、爵、杯、壶、豆、大口尊、罐、盆、钵等。纹饰以绳纹为主，还有附加堆纹、弦纹和印纹（包括方格纹、圆圈纹、饕餮纹、云雷纹等）。这些特征都与郑州二里冈期陶器接近。尤其是早期陶鬲的形制和纹饰与郑州二里冈上层陶鬲基本相同，只有一些微小的区别。晚期的陶器则与殷墟陶器相似。

藁城台西出土的商代铜器有 100 多件，多数出于墓葬。器物种类有鼎、鬲、罍、瓿、爵、甑、罍之类礼器和钺、矛、戈、戟之类兵器，还有刀、镘、凿、锯等工具，亦有铜饰。这些铜器的形制和花纹亦基本上与郑州二里冈上层铜器和殷墟铜器相同，但亦有某些不同的特点，如这里出土一件铁刃铜钺，在郑州和安阳两地出土的铜器中均未见，而在北京平谷县刘家河发现的一座商代墓中亦出土一件铁刃铜钺，因此这类铜器具有地方特点。

在冀南其他地方出土的晚商铜器主要是礼器，其中有鼎、卣、簋、壶、尊、瓿、罍、爵，以爵居多。各地点出土数量不多，少者 1 件，多者 2～3 件。多数有铭文。铭文多者 7 字，少者 1 字，或为族徽、氏族名、人名，或为记事铭。族徽或族名铭文有"受"、"启"、"孕"、"霉"、"箕"、"亚伐"等。有的族徽在殷墟铜器中有见，如"孕"、"霉"族徽[2]，据考证就是氏族铭。这些铜器当是直接来自殷商王朝。

冀北和北方地区的夏家店下层文化则有其鲜明的地方特点。这在建筑遗迹、墓葬和陶器特征上都清楚地表现出来。

夏家店下层文化的建筑遗迹中比较普遍地用石块垒墙，墓葬中多有石棺。在辽宁北票康佳屯发现的城址，其城墙都是用石块垒筑的，赤峰药王庙夏家店下层文化的房屋亦用石块垒墙，房基周围砌以大小不等的石块，宁城小榆树林夏家店下层遗址亦发现石垒砌的圆形房子。石棺墓在康佳屯城址发现不少，在河北唐山小官庄夏家店下层文化中亦发现石棺墓，用石块垒筑墓室，有的墓顶有石板，墓底亦垫有石板[3]。

夏家店下层陶器与中原夏商文化陶器作风亦不同。它有灰陶、褐陶、黑陶和红陶，以灰陶、褐陶居多。纹饰有绳纹、篮纹、附加堆纹、划纹，以绳纹为主，并常见绳纹加划纹的作风，有的还有彩绘。器类有鬲、甗、鼎、罐、盆、钵、豆、尊、盘、瓮、盉、爵等。这些陶器的形制和纹饰都与中原夏商陶器有所不同。如夏家店下层的陶器，鬲的形制以尊形鬲和鼓腹鬲为主，独具特点，尤其是有彩绘陶器，则更显其特色。在敖汉旗大甸子夏家店下层的陶器中就有不少彩陶，是用红、黄、白三色绘彩，图案以云气纹为主，很有特色。

夏家店下层文化分三期。根据陶器演变和参考 ^{14}C 测定的年代数据推定，一、二期的年代属夏代，三期年代相当于商代前期。其中一期相当于夏代早期，二期相当于夏代晚期[4]。

在夏家店下层文化中出土了一些青铜器。北京平谷县刘家河发现的一座商代墓出土了一批铜器，有鼎、鬲、甗、爵、角、斝、卣、罍、瓿、盉、盘之类礼器 16 件，还有兵器以及金钏、耳环、金笄、金箔等。礼器的形制和花纹与中原殷商铜器基本相同，兵器中有一件铁刃铜钺，则具有北方特点。该墓中出土的陶器属夏家店下层遗存，刘家河商代墓应属夏家店下层文化晚期。

在辽宁和内蒙古等地发现的晚商铜器基本上亦与殷墟铜器相同。辽宁喀左县北洞村窖藏出土的一批铜器，多有铭文，形制和花纹与殷墟铜器相似，铭文在殷墟铜器中亦有见，因此这批铜器应是直接来源于中原殷商王朝。

综观中原北部和北方地区发现的夏商时期文化，以冀南地区的文化遗存比较接近中原的夏商文化，差异小，其商代遗存基本上属中原商文化系统。冀北和北方地区的夏家店下层文化则不属中原夏商文化系统，应是北方的部族文化。但这一地区发现的商代青铜器主要应是来自于中原殷商王朝，当地或许已经出现青铜文化，但还未发展起来。

（二）西部地区的夏商时期文化

西部地区发现的夏商时期文化，以山西南部和陕西关中地区的文化遗存比较接近中原夏商文化，其他地区的文化则与中原夏商文化面貌有较大区别，其中以甘青地区的差异最大。

在晋南地区发现的二里头文化，面貌特征与偃师二里头文化相似，差异较小。如东下冯遗址所出的陶器与偃师二里头出土的陶器大同小异。两者的陶器都有灰陶、黑陶和褐陶，纹饰都有绳纹、篮纹、弦纹、方格纹和附加堆纹，器类都有鼎、罐、盉、鬲、甗、盆、盘、瓮、大口尊、斝、爵等，尤其是两者的炊器都以罐为主，这是相同之处。不同之处是：东下冯的陶器黑陶少而褐陶多，二里头则黑陶多而褐陶少；纹饰前者以篮纹为主，后者则以绳纹为主；器类以二里头的种类居多，东下冯的种类较少，但东下冯的陶器中，有的器物多见，而在二里头则少见，如鬲、甗之类器在东下冯多见而在二里头则少见[5]。由于东下冯遗址的陶器与偃师二里头的陶器大同小异，因此晋南地区的二里头文化又被确定为一种类型，称二里头文化东下冯类型。

晋南地区的二里冈期商代文化亦与郑州二里冈期商代文化相似。垣曲商城出土的陶器，与郑州二里冈期陶器无论在陶质、陶色、纹饰和器形上都很明显地具有共性，但亦有一些差别。其差别主要是两者的器物有的不互见，郑州二里冈的陶器有斝、小口圆腹罍、簋和仿铜器的鼎等，垣曲商城的陶器则不见此类器物。其次是两者共有的器物中，有的器形亦不完全相同[6]。两者的共性是主流，因此，垣曲商城的商代文化被归属二里冈期文化。

在平陆坡底乡前左村发现的一组铜器，包括大方鼎、圆鼎、罍、爵，其形制和花纹亦与二里冈上层铜器基本相同。由此看来，晋南地区的早商文化，无论从陶器和青铜器看，都与郑州二里冈期商代文化差别不大。

晋北地区发现的夏商文化则与晋南地区的文化面貌不同。这里发现的光社文化，其陶器特征既有晋南东下冯类型陶器特征，又有河北先商文化和北方地区的夏家店下层文化特征，亦有其自身的某些特点。这一部族文化很明显地受邻近地区的夏商时期文化影响。

晋西北发现的晚商铜器，其年代相当于殷墟文化第二、三、四期[7]。这批铜器既有中原殷商铜器的风格，又有比较明显的地方特点。有人把它和陕西北部地区出土的晚商铜器结合起来，归属于同一系统，称"石楼—绥德类型"青铜文化，并把这一类型青铜器分为三群：

A群，是殷墟常见的器物，主要有礼器和一些兵器。这群铜器的形制和花纹都与殷墟铜器几乎完全一样，有相当数量可能来自商文化分布区。

B群，是"石楼—绥德类型"青铜文化的主要成分。这群铜器有鲜明的地方特征，肯定是当地所铸造，其中礼器多仿商式改进型，形制和纹饰与殷墟铜器相同，局部有变化，或纹饰不同。兵器、工具和铜饰品则不同于商文化。

C群，数量少，仅见环首刀和冒首刀。这类器物在前苏联米奴斯克盆地的卡拉苏克文化中常见，也许是从卡拉苏克文化南传而来[8]。

从山西境内发现的商代铜器看来，属商代二里冈期的铜器，与郑州二里冈期上层铜器相同，晚商铜器则有比较明显的地方特点，因此，这一地区的青铜文化可以说是从晚商时期发展起来的。

陕西境内发现的商代文化，文化面貌亦与郑州二里冈期文化和殷墟文化接近，但晚商文化与殷墟文化差别较大。

西安老牛坡发现的商代文化共分六期，其中一、二期属早商，三至六期属晚商。早商的陶器，无论陶质、纹饰和器形，都与郑州二里冈下层和上层陶器相似，亦有一些差别。主要是器物种类较少，器形上也有一些变化。老牛坡的陶器有花边口沿罐，在郑州二里冈陶器则不见。晚期陶器，除陶质、陶色和纹饰与殷墟陶器差别较小外，器形的差别则比较大，多数器物都有明显差别[9]。

陕西境内发现的商代青铜器，亦是早商铜器与郑州二里冈期铜器差别不大，晚商铜器的差别比较明显。在岐山县京当乡发现的早商铜器与郑州二里冈期铜器基本相同，而在陕北和陕南城固出土的晚商铜器则与殷墟铜器有比较明显的差异。

在陕西沿黄河东岸各地发现的晚商铜器，有礼器、兵器和工具。礼器基本上与殷墟铜器作风相似，亦有一些地方特点，兵器和工具的地方特点则更为鲜明。如礼器中出土带铃觚和高圈足直棱纹簋，就具有地方特点，兵器和工具中出现的兽柄铜刀、蛇头铜匕、铃首剑等，则与晋西北的同类器相似。

在城固出土的晚商铜器，有鼎、尊、瓿、罍、瓶、簋、卣、爵、盘、罐之类礼器，戈、矛、钺、镞之类兵器和斧等工具，还有脸壳、铺首之类的铜饰。多数礼器与殷墟铜器相似，少数有地方特点，如直口双耳铜罐在殷墟铜器中不见，兵器和工具亦与殷墟的同类器有所不同，尤其脸壳和铺首则是殷墟铜器所未见，具有浓厚的地方特色。而这类器物，在四川所出的晚商铜器中有发现，因此这一地区的青铜文化与四川境内的青铜文化有共性。

城固出土的商代铜器，据推断，最早的可能属早商偏晚，最晚的可能在殷末周初，有的可能与殷墟文化二、三期相当[10]。有人认为汉中地区古代属羌地，这批铜器应是商王朝对羌人发动战争时，羌人为逃避殷人的征讨而埋藏的[11]。

甘、青地区发现的辛店文化和寺洼文化与中原的夏商文化完全不同，而且辛店和寺洼文化之间亦有别。

辛店文化的陶器以红褐陶为主，亦有少量灰陶。纹饰有绳纹、附加堆纹和彩绘，其中彩陶占有相当的比例。色彩以黑彩居多，还有红彩和白色陶衣。花纹有宽带纹、曲线纹、双勾纹、回纹和鹿、狗等动物形象。器类有鬲、罐、豆、盘、鼎、瓮、钵、盆、杯等。具有代表性的器物为双耳罐和双耳鬲。

寺洼文化的陶器亦以红褐陶为主，还有红陶和灰陶。夹砂陶胎较粗，含砂粒多。器类有罐、鼎、鬲、豆、瓮等，最具特色的器物是鞍形双耳罐、罐形扁足鼎和扁足袋状鬲。器表多素面，少数饰有绳纹和附加堆纹，有的有刻符。

（三）东部沿海地区的夏商时期文化

东部沿海地区发现的夏商时期文化，面貌比较复杂。在鲁西南地区发现的岳石文化与偃师二里头文化完全不同。商代文化，无论在山东、皖北和苏北地区发现的遗存，都比较接近中原的商文化。而皖南、苏南和浙江地区的商代文化则与中原的商文化差别大。但是，这些地区出土的商代铜器都具有浓厚的中原殷商铜器特征。

分布在鲁西南和豫东地区的岳石文化，其陶器与中原的二里头文化陶器不同。岳石文化的陶器有褐陶、灰陶和黑陶，以褐陶为主。陶质较差，火候不高，颜色亦不纯，多有斑点，黑陶表皮易脱落。多数不饰纹饰，亦有一些饰绳纹、附加堆纹、方格纹、齿状纹、刻划纹和枝叶纹，以附加堆纹较常见。饰附加堆纹者往往又加刻有其他纹饰，或刻×纹、网络纹、楔形点纹、折线纹，或按捺窝和指甲纹。有的泥质陶施有彩绘，色彩以红、白两色为主，亦有黄色，往往以红色勾边，白彩填心。花纹以火焰涡纹、云纹和变体夔纹居多，还有环带纹、折线纹等。施彩的器物以尊、豆居多。器类有罐、甗、鼎、鬲、罍、盆、碗、钵、豆、尊、盂等。其中罐、甗是主要炊器[12]。这些陶器的作风有其鲜明的特点。

山东境内的商代文化，无论是早商和晚商的文化，其面貌都与中原的商文化相似，亦有某些差别。在济南大辛庄遗址发现的商代文化共分七期，其中一至三期为早段，时代与郑州二里冈上层晚段相当，四至七期为晚段，时代与殷墟一至四期相当。早段的陶器，与郑州小双桥商代遗址的陶器相似，晚段的陶器则与殷墟陶器相似。但是，无论是早段和晚段的陶器，都与中原商代陶器有一些差别，有一定的地方特点，尤其是鲁北地区的商代陶器与中原商代陶器的差别更大[13]。

山东各地方出土的铜器基本上都属晚商。无论是器形和花纹都与殷墟铜器相同，差异很小，有的有铭文。益都苏埠屯一号墓出土的 2 件大铜钺中，有 1 件有铭文"亚醜"[14]。在邹县化肥厂基建工地发现的觚、爵、戈、削等 6 件铜器，觚、爵铸有族徽。滕县种寨出土的铜器有鼎、鬲各 1 件，其中鬲有铭文"眉工子" 3 字[15]。

山东地区分布的岳石文化，一般认为属东夷文化。岳石文化是在山东龙山文化之后发展起来的文化，它延续至二里冈上层偏晚阶段，为商文化所取代。由此看来，商人的势力是在二里冈上层偏晚阶段进入山东地区，取得了对东夷人的统治。

在安徽境内发现的商代文化亦与中原商文化面貌接近。在含山孙家岗商代遗址发现的商代文化，陶器与郑州二里冈期陶器相似。各地出土的商代青铜器亦与郑州和安阳两地出土的铜器相似。1977 年在六安出土铜斝和铜觚各 1 件，与郑州二里冈期铜器相似。在阜南朱寨区月儿河曾出土 9 件铜器，有尊、斝、爵、觚，亦与殷墟铜器相似。

江苏北部发现的商代文化，亦接近于中原的商文化。徐州高皇庙遗址出土的陶器就与殷墟陶器相似[16]。铜山丘湾商代遗址发现有祭祀遗迹，在不大的范围内，发现人头骨和人骨架20多具，还有狗骨架。人骨架多双手反绑在身后，头朝埋在中心的的四块大石块，据推测，它是商代祭祀遗迹[17]。

江苏南部地区分布的湖熟文化，陶器以红陶为主，亦有灰陶和印纹硬陶。器类有鬲、甗、盆、罐、钵、豆、斝、瓿等，缺乏酒器，鼎亦少见。纹饰有绳纹和各种几何形印纹。这些陶器作风和中原的商代陶器完全不同，因此，湖熟文化并不属于商文化系统。

浙江地区发现的商代文化，主要是以印纹硬陶为代表的文化。这种陶器的特点是胎质含有高岭土，火候高，胎质坚硬。器类主要有尊、罐、豆、瓮、钵、盆等。器表拍印有各种几何形纹，有圆圈纹、曲折纹、云雷纹、叶脉纹、方格纹、米字纹等，很有特色，与中原商代陶器完全不同。

浙江各地出土的商代铜器，不仅有较多的中原殷商铜器特征，亦有地方特点。发现的商代铜器有鼎、甗、瓿、斝、爵、锤几种，器形和花纹与中原殷商铜器基本相似，又有某些差异，说明它亦受中原殷商青铜文化影响。

（四）南方地区的夏商时期文化

南方地区发现的夏商时期文化，以湖北和湖南的文化面貌比较接近中原的夏商文化，江西和四川地区的文化面貌则与中原的夏商文化有较大差异。尤其是四川地区的差异更大，这里发现的青铜文化具有浓厚的地方特点。

湖北境内发现的夏商时期文化与中原的二里头文化、二里冈期文化和殷墟文化面貌接近，亦有其一定的地方特点。在荆南寺和盘龙城遗址发现的夏商时期文化就有明显的表现。

江陵荆南寺发现的文化遗存分七期：一期的陶器有盆形三足鼎和花边夹砂罐，与二里头的同类器相似；二至五期的陶器，大部分与郑州二里冈的陶器相似；六、七期的陶器，则与殷墟的陶器相似[18]。

盘龙城遗址出土大量的陶器和青铜器，主要属于商代遗存。其中青铜礼器有鼎、鬲、甗、斝、爵、觚、罍、盉、卣、盘、簋等，工具有锛、斤、斧、锛、凿、锯等，兵器有钺、戈、矛、刀、镞等。礼器的形制和花纹基本与郑州二里冈上层铜器相同，工具则有明显的地方特点，如铜锛这类工具就很有特色。陶器的差异则比较大。

在盘龙城遗址发现铸铜的坩埚和孔雀石，数量不多。这里出土的二里冈期青铜器，究竟是当地所铸造，还是来源于中原？从礼器看来，基本上与郑州二里冈期铜器相同，这些铜器有可能是来自中原；工具和兵器，则有可能是当地所铸造。可以肯定，湖北的商代青铜文化应是受中原青铜文化的影响而发展起来的。

湖北各地出土的零散铜器多属于晚商时期。主要是礼器，包括鼎、尊、罍、卣、斝、爵几种，与殷墟铜器基本相同。

湖南境内发现的商代文化与中原商代文化面貌亦比较接近，但差异稍大，有明显的地方特点。在石门皂市发现的二里冈期商代遗址，出土的陶器分三组：一组与郑州二里冈上层陶器极为接近，如方唇长体锥形实足分裆鬲、夹砂红陶附加堆纹大口缸、斝、爵、锯齿状扉棱鼎足等；另一组是与二里冈共见的器物，但局部差别明显，如假腹豆的圈足较高较细，簋圈足直、高；还有一组是本地特有的器形，如直口碗形盘、细喇叭形柄豆、花边圈足碗等[19]。

湖南各地出土的晚商铜器多属窖藏。各地点发现的窖藏铜器数量亦不多，以一两件居多。1981 年在湘潭县青山桥高屯大队发现一个窖坑，出土铜器 11 件，有尊、觯、爵、鼎共 9 件，卣 2 件，其中有 6 件有铭文"癸"[20]。

在湖南各地发现的窖藏铜器中，有礼器鼎、尊、卣、瓿、方彝、瓢、爵、觯等，乐器有铙，工具有斧、卣，兵器有戈、镞，其中窖藏的铜铙和工具比较多，这有其特点。1959 年，在宁乡老粮仓师古寨山顶的一个窖坑内出土 9 件铜铙，1961 年又在宁乡寨子山的一个窖坑内出土一件瓿，内装铜斧 224 件。各地出土的铜铙多铸精美花纹，有兽面纹或象纹、虎纹，器物大而重，最大的是 1978 年在老粮仓北峰滩出土的一件，残高 84 厘米，重 154 公斤[21]。

湖南各地窖藏的晚商铜器中礼器与殷墟铜器作风相似，而乐器和工具则具有明显的地方特色。这批铜器，有的可能来自中原，有的应是当地所铸造。

江西境内发现的商代文化与中原殷商文化有较大差别，地方特点突出，但亦有一些相似的特征。

在清江吴城商代遗址发现的商代文化分三期：一期的时代推定相当于商代二里冈期，二期相当于殷墟早期，三期相当于殷墟晚期[22]。有人则判断一期的年代相当于二里冈上层期，二期相当于殷墟早、中期，三期相当于殷墟晚期，可能延续到周初[23]。分期意见虽有不同，但可以肯定，吴城商代遗址包括早商和晚商遗存，大致从二里冈上层期延续至晚商。

吴城遗址的陶器以夹砂灰陶为主，红陶次之，还有印纹硬陶、釉陶和原始瓷器。器类有鬲、甗、甑、鼎、罐、盆、豆、尊、大口尊、碗、钵、缸、瓿、盂等。纹饰有绳纹、方格纹、弦纹、附加堆纹、圆圈纹、S形纹、叶脉纹、席纹、水波纹、米字形纹等。不少陶器都刻有符号或文字，少者1字，多者12字，共有39种文字符号。这些陶器的陶质、形制和纹饰有鲜明的特点，某些器物特征与郑州和安阳的同类器相似，如假腹豆和鬲的形制就与郑州和安阳出土的同类器相似。由于吴城的商代文化有鲜明的特色，故有吴城文化的命名。

新干大洋洲商墓出土的大批青铜器，不仅具有比较浓厚的中原殷商铜器特征，也有明显的地方特点。这批铜器有礼器方鼎（图三一）、圆鼎、扁足鼎、鬲、甗、瓿、罍、卣、尊、壶、豆等，乐器有镈、铙，兵器有戈、矛、钺、戟、剑、匕、胄、镞等，工具有犁、耒、铲、斧、斨、镬、锛、凿、锥、钻、刀、镰等。其中礼器的形制和花纹作风与中原殷商铜器基本相似，又有一定的地方特点。如它有带柄的铜瓒，这种器物在中原殷商铜器中未见，方鼎有卧虎、立鹿的装饰和饰燕尾纹作风，亦有地方特点。兵器的形制亦多与中原殷商铜兵器相同，铜戈上的铭文"𢀖"之类的族徽亦见于殷墟铜器铭文。工具则具有较多的地方特点。如犁、耒、镰之类的工具在中原未见。

大洋洲商墓的铜器有部分器物的作风接近郑州二里冈上层期，如有的方鼎和圆鼎的形制和花纹都与二里冈上层期同类器相似。多数器物的形制和花纹则比较接近于殷墟二期铜器，亦有少数器物的年代较晚。

对于此墓的年代和性质有不少学者进行了研究。该墓的年代，有人推断其相当于二里冈上层期，多数人则认为它属于商代晚期，或认为与吴城二期年代相当，或认为相当于殷墟一期。铜器中有少数年代较晚，如铜戈中有带胡戈，出现于殷墟

图三一 卧虎兽面纹方鼎（新干大洋洲商墓出土）

晚期。因此，大洋洲商墓的年代，似应确定在殷墟晚期较合适。该墓的性质应是方国的诸侯王墓，墓主应是当地的土著首领[24]。

江西境内其他地点出土的商代铜器，有的属二里冈期，多数属于晚商。这些铜器，有礼器亦有兵器，有人把它区分为三类：第一类铜器的造型和花纹、铭文与中原殷商铜器相同，有的就是从中原带来的；第二类铜器的造型、纹样作风基本和中原一致，却又不同程度地表现出一些地方特色；第三类铜器的造型、纹样作风具有土著特色。这三类铜器中，以二类较多，三类较少，据此认为江西境内出土的商代铜器多是本地所铸造，但古代鄱阳湖—赣江流域的青铜文化，在其产生和发展过程中，曾受到中原高度发达的青铜文化的强烈推动和影响[25]。

四川境内发现的夏商时期文化，则具有浓厚的地方特色，但亦有某些中原夏商文化特征，具有代表性的遗址是广汉三星堆遗址。

广汉三星堆遗址位于川西平原东部，面积约 12 平方公里。发现的文化遗存包括从新石器时代至夏商时期的遗存。分四期：第一期大致在新石器时代晚期，第二期大致在夏至商代前期，第三期相当于商代中期，第四期大致在商末周初。

第二、三期的陶器以褐陶为主，有少量灰陶。器形有小平底罐、高柄豆、高领罐、圈足盘、盉、壶、觚、瓶、杯、三足器、鸟头把勺等。纹饰有粗绳纹、人字纹、附加堆纹、锥刺纹、圆圈纹、戳印纹、凸棱纹、米粒纹、云雷纹等，其作风都与中原夏商陶器作风不同，但亦有一些器物的形制如盉、觚与中原夏商陶器相似[26]。

三星堆遗址为一座城址。在遗址的东、西、南、三面分布着长数百米至千余米、宽 40 余米的土埂，这些土埂经试掘后被确定为城墙。在这座城址内发现的遗存，最重要的是在南城墙内 300～400 米处发现的两个大型祭祀坑，坑内埋着大批精美的青铜器和玉器等重要遗物。这两个祭祀坑处于城址中轴线的南北两端，相距约 30 米，均为长方形坑。

第一号祭祀坑的坑口长 4.5～4.6 米，宽 3.3～3.48 米，口大底小。清理出各类遗物 420 件，其中青铜器 178 件，金器 4 件，玉器 129 件，还有骨器、象牙根及海贝，并清理出烧骨碎渣约 3 立方米。遗物的分布无一定规律，但有先后重叠堆放的顺序。

第二号坑口长 5.3 米，宽 2.2～2.3 米，深 1.4～1.68 米。清理出各类遗物 1300 多件，其中铜器 735 件，金器 61 件，玉器 486 件，还有象牙器等，另有海贝 4600 枚。各类遗物分三层堆放[27]。

这两个坑内清理出的青铜器有人像、面具、神树、礼器、仪仗及兽形饰等，其中人像、面具及兽形饰件最多，礼器不多。各类青铜器的铸造工艺非常精美。

人像有人头像、跪坐像、立体人像等。各类人像神态各异，其中立体人像的铸造工艺最为精细，结构复杂，是有代表性的杰作。

立体人像共出土两尊，一大一小。最大的通高 2.6 米，由像座和一尊立体人像组成，其中人像自冠顶至足底高 180 厘米。身躯细长挺拔，手臂粗大，脸庞瘦削，方颐，粗眉大眼。头顶冠，身着三层衣，脚踝戴镯。通体饰有线条细密的花纹，花纹结构复杂多样。小型立体人像残高 8.3 厘米，跣足，内着长袖交领衣，外披无袖袒背式铠甲，皮制，前后饰几何形雷纹。这两件立体人像以大型立人像的铸造工艺最为精美。

神树清理出 10 多件，有大型和小型两类，其中大型神树有 2 件，尤以一号神树最大。

一号神树由底座和树干组成。底座为一圆形座圈，圈上铸有三个拱形足，如同树根。树干挺直，有三层树枝，每层有三枝。树枝上有飞禽走兽和花果之类的挂饰。结构复杂，工艺异常精美（图三二）。

神坛共发现 3 座，均被火烧残。其结构由兽形座、立人座、山形座和盝顶建筑构成，饰有细密的花纹。

青铜礼器有尊、瓶、罍、盘、器盖等百余件。其中尊有方尊、圆尊，罍亦有方罍、圆罍两种。铸造工艺非常精美，通体

图三二 神树（广汉三星堆遗址出土）

饰有细密的花纹。

　　金器有金杖、面罩、金箔和金料块等。其中金杖系用金条锤打成宽约72厘米的金皮包卷而成，估计原来是一柄木蕊金皮杖，杖的上端有人头像和鸟、鱼等花纹装饰。面罩是用金箔在铜人头像捶拓而成，保持铜人头像面部特征。

　　玉器则有璋、琮、环、璧、瑗、戚、戈、凿、刀、斧、珠、管等礼器和仪仗，琢磨精细，多未雕刻有花纹。

　　三星堆祭祀坑的年代，据地层和出土器物分析，其中一号坑器物的埋藏年代下限不会晚于殷墟二期，上限不会早于殷墟一期，应在殷墟一期之末与殷墟二期之间。二号坑的埋藏年代应在殷墟二期至三、四期之间，上限早到殷墟二期偏晚阶段，下限延续至三、四期。

　　这两个坑内所埋藏的器物，有人认为它是"一次重大综合祭祀活动的遗存"[28]。有人则认为坑内埋藏的器物是"同一地区的两个不同时期的宗庙用器"，很可能是这"两个宗庙先后被毁之后，将庙里的重器分别埋藏在两个坑中"。

　　三星堆祭祀坑出土的大批青铜器，既有浓厚的地方特色，亦有中原殷商文化特征。其中铜人头像、跪坐像、立体人像、人面具、兽面具、铜瑗、铜戚形器等，在其他地区的商代铜器中从未发现过，具有早期蜀文化的风格，有浓厚的地方特色。青铜礼器则具有明显的中原文化特征，其中一号坑出土的铜尊、铜瓿、盘和器盖，是二里冈上层至殷墟一期常见的器物，二号坑出土的圆尊、方尊和方罍等，其形制亦与殷墟的同类铜器相似，花纹则有所不同，因此亦有一定的地方特点。

　　三星堆祭祀坑出土大批青铜器、玉器，反映早期蜀文明已有高度的发展水平，同时也反映出中原殷商文明对蜀文明的发展有强烈的影响和促进作用。

注 释

[1] 李伯谦:《中国青铜文化结构体系研究》第 87 页，科学出版社 1998 年版。

[2] 刘超英等:《河北商代带铭文铜器综述》，载《三代文明研究》，科学出版社 1999 年版。

[3] 安志敏:《唐山石棺墓及其相关问题》，《中国考古学报》第七册，1954 年。

[4] 同［1］，第 138 页。

[5] 中国社会科学院考古研究所:《夏县东下冯》，文物出版社 1988 年版。

[6] 中国历史博物馆考古部等:《垣曲商城》，科学出版社 1996 年版。

[7] 邹衡:《夏商周考古学论文集》第 275 页，文物出版社 1980 年版。

[8] 同［1］，第 172～175 页。

[9] 宋新潮:《殷商文化区域研究》第 70 页，陕西人民出版社 1991 年版。

[10] 同［1］，第 260 页。

[11] 唐金裕等:《陕西城固县出土殷商铜器整理简报》，《文物》1980 年第 3 期。

[12] 栾丰实:《东夷考古》第 304 页，山东大学出版社 1996 年版。

[13] 徐基:《山东商代考古研究新进展》，《三代文明研究》第 259 页，科学出版社 1999 年版。

[14] 山东省博物馆:《山东益都苏埠屯第一号奴隶殉葬墓》，《文物》1972 年第 8 期。

[15] 齐文涛:《概述近年来山东出土的商周青铜器》，《文物》1972 年第 5 期。

[16] 江苏省文物管理委员会:《徐州高皇庙遗址清理简报》，《考古学报》1958 年第 4 期。

[17] 俞伟超:《铜山丘湾商代社祀遗迹》，《考古》1973 年第 5 期。

[18] 荆州地区博物馆:《湖北江陵荆南寺第一、二次发掘简报》，《考古》1989 年第 8 期。

[19] 何介钧:《湖南商周时期古文化分区探索》，《湖南考古学辑刊》第 2 辑，岳麓书社 1984 年版。

[20] 袁家荣:《湘潭青山桥出土窖藏商周青铜器》，《湖南考古学辑刊》第 1 辑，岳麓书社 1982 年版。

[21] 高至喜:《中国南方出土商周铜铙概论》，《湖南考古学辑刊》第 2 辑，岳麓

书社 1984 年版。

[22] 江西省博物馆等：《江西清江吴城商代遗址发掘简报》，《文物》1975 年第 7 期。

[23] 李伯谦：《试论吴城文化》，载《中国青铜文化结构体系研究》，科学出版社 1998 年版。

[24] 陈旭等：《新干大洋洲商墓的年代与性质》，《南方文物》1994 年第 1 期。

[25] 彭适凡：《江西先秦考古》第 61～64 页，江西高校出版社 1992 年版。

[26] 陈显丹：《广汉三星堆遗址发掘概况、初步分期——兼论"早巴文化"的特征及其发展》，《南方民族考古》第 2 辑，1989 年。

[27] 四川省文物考古研究所：《三星堆祭祀坑》，文物出版社 1999 年版。

[28] 陈显丹：《广汉三星堆一、二号坑两个问题的探讨》，《文物》1989 年第 5 期。

参 考 书 目

1. 罗振玉：《殷墟书契考释》。

2. 王国维：《观堂集林》，中华书局 1984 年版。

3. 王国维：《古史新证》，清华大学出版社 1996 年版。

4. 文物编辑委员会：《文物考古工作三十年》，文物出版社 1979 年版。

5. 中国社会科学院考古研究所：《新中国的考古发现和研究》，文物出版社 1984 年版。

6. 邹衡：《夏商考古学论文集》，文物出版社 1980 年版。

7. 李伯谦：《中国青铜文化结构体系研究》，科学出版社 1998 年版。

8. 张光直：《中国青铜时代》，生活·读书·新知三联书店 1983 年版。

9. 《三代文明研究》，科学出版社 1999 年版。

10. 郑杰祥：《夏史初探》，中州古籍出版社 1988 年版。

11. 北京大学考古教研室：《商周考古》，文物出版社 1979 年版。

12. 中国社会科学院考古研究所：《偃师二里头》，中国大百科全书出版社 1999 年版。

13. 中国社会科学院考古研究所：《夏县东下冯》，文物出版社 1988 年版。

14. 河南省文化局文物工作队：《郑州二里冈》，科学出版社 1959 年版。

15. 杨育彬主编：《郑州商城考古新发现与研究》，中州古籍出版社 1993 年版。

16. 河南省文物研究所等：《郑州商代铜器窖藏》，科学出版社 1999 年版。

17．中国社会科学院考古研究所：《殷墟的发现与研究》，科学出版社 1994 年版。

18．陈梦家：《殷墟卜辞综述》，科学出版社 1956 年版。

19．中国社会科学院考古研究所：《殷墟发掘报告（1958～1961年)》，文物出版社 1987 年版。

20．中国社会科学院考古研究所：《殷墟妇好墓》，文物出版社 1980 年版。

21．中国社会科学院考古研究所：《殷墟郭家庄商代墓葬》，中国大百科出版社 1998 年版。

22．《安阳殷墟头骨研究》，文物出版社 1985 年版。

23．中国社会科学院考古研究所：《小屯南地甲骨》，中华书局 1980 年版。

24．石璋如：《殷墟建筑遗存》，台湾台北历史语言研究所 1959 年版。

25．马承源：《中国青铜器》，上海古籍出版社 1988 年版。

26．《中国商文化国际学术讨论会论文集》，中国大百科全书出版社 1998 年版。

27．宋新潮：《殷商文化区域研究》，陕西人民出版社 1991 年版。

28．河南省文物研究所：《河南考古四十年》，河南人民出版社 1994 年版。

29．彭适凡：《江西先秦考古》，江西高校出版社 1992 年版。

30．栾丰实：《东夷考古》，山东大学 1996 年版。

31．河北省文物研究所：《藁城台西商代遗址》，文物出版社 1985 年版。

32．中国历史博物馆考古部等：《垣曲商城》，科学出版社 1996 年版。

33．四川省文物考古研究所：《三星堆祭祀坑》，文物出版社 1999 年版。

图书在版编目（CIP）数据

夏商考古/陈旭著．--北京：文物出版社，2001.9
（2023.6 重印）

（20世纪中国文物考古发现与研究丛书）

ISBN 978-7-5010-1280-0

Ⅰ.①夏…　Ⅱ.①陈…　Ⅲ.①夏文化（考古）-研究
②商周考古-研究　Ⅳ.①K871.34

中国版本图书馆CIP数据核字（2014）第258026号

20世纪中国文物考古发现与研究丛书

夏商考古

著　　者：陈　旭

封面设计：张希广
责任印制：张道奇
责任编辑：窦旭耀
出版发行：文物出版社
社　　址：北京市东城区东直门内北小街2号楼
邮　　编：100007
网　　址：http：//www.wenwu.com
经　　销：新华书店
印　　刷：河北鹏润印刷有限公司
开　　本：850mm×1168mm　　1/32
印　　张：8.375　插页：1
版　　次：2001年9月第1版
印　　次：2023年6月第7次印刷
书　　号：ISBN 978-7-5010-1280-0
定　　价：40.00元